花まる学習会代表
高濱正伸

お母さんのための「男の子」の育て方

実務教育出版

はじめに

二〇一一年七月、サッカーワールドカップ。なでしこジャパンは、最後の最後まであきらめずシーソーゲームを続け、強豪《きょうごう》であるアメリカチームに競《せ》り勝ち、黄金に輝く優勝カップを手にしました。「日本がここまで来たか！」と感動に胸が震える思いを抱いた方は多かったのではないでしょうか。

しかし、その優勝カップの栄誉に酔う一方で、「男子日本代表が、優勝カップを手にする日は、自分が生きているうちに果たしてくるのだろうか」と考え込んでしまった人は、私だけではなかったでしょう。

また、「草食系男子」という言葉が、何年か前に一世を風靡《ふうび》しました。この「草食系男子」は、「心が優しく、男らしさに縛《しば》られておらず、恋愛にガツガツせず、傷ついたり傷つけたりすることが苦手な男子のこと」と定義されるようです。

実はこのような、時代を象徴するかのような、優しいのは美点だけれども、傷ついて「ポキッと折れやすい」男の子たちに、企業を経営する身としては「ほとほと手を焼いている」というのが現状です。

私は経営者として企業の人事担当の方と話すことも多いのですが、異口同音《いくどうおん》に「いいなと思う子は、皆女の子なんだよ」と言います。

実際、少しくらい叩かれても女の子はしぶといし、強い。叱られて泣いても女の子はケロッとして、また「よし、がんばる」と立ち上がってくるけれども、**男の子は叩かれると「ポキッと折れて」辞めてしまう子が多い**のです。

現在、私は、幼児から中学生を対象とした学習塾を経営しています。二〇年以上前に一八歳、一九歳の大学受験生を教えていて、「果たしてこの子たちは将来、メシを食えるのか」と痛切に思った問題意識から出発しています。**この国は「メシが食えない大人」を量産しているのではないか、**ということです。「より育たないほう、より育たないほう」に育ててしまっているとでもいうような。

特徴的なのは、たとえば「弟がうるさいから勉強できない」と言う長男に、「そうね、そうよね」と納得して許してしまうお母さん。寄り添いやカウンセリングは大事だけれど、決定的に厳しさが足りないのではないでしょうか。本来は、まわりが少々うるさかろうが、「うるさいくらいで、勉強できなくてどうするんだ」くらいに厳しく突き放すのが、親として必要なことでしょう。

「鍛えること」を誰もやっていないなかで、そういう男の子たちが二〇歳を迎えるとどうなるかというと、**「楽して、でも特別に認められたい」という中途半端な子どもたち**が量産されるのです。

たとえば、アルバイトとして、弊社《へいしゃ》に来たM君の例を挙げましょう。

先生として前に立っている限りは、堂々としていて子どもウケもいいなど、いいものは持っている彼。しかし、アルバイトをはじめて何時間目には、「俺は教育について全部わかっている」という態度を出しはじめます。

社長である私に向かっても「教育って……」と一説をぶちはじめるのです。慢心して増長している、としか言いようがないのですが、まったく悪気《わるぎ》がないのも大きな特徴で、「あなたのために言っていますよ、僕は」という態度を貫き通すのです。

そして、保護者に対しても、知ったかぶりで聞きかじりのことを自信満々で言ってしまうのです。間違いを指摘されて反省するかと思いきや、「言っている意味はわかるけど、言い方は気をつけてもらわないと」と尊大な開き直りをする始末。

悪気なく肥大化し続けた自己像を、折りに触れて「ふざけるな！」と誰かにバチンと一喝《いっかつ》されるべきだったところを、「よしよし文化」で甘さを許されて、指摘されずに育ってきてしまった不幸。育ってきたなかで、ちゃんとした先輩に恵まれていれば、こんなことにはならなかったのでは、という惜しい気持ちで一杯になりました。

M君は結局、態度が改まらず、辞めてもらうことになりました。

また、社員として入ってきたH君の例も挙げましょう。入社してきたときは、爽《さわ》やかで明るい好青年だったH君。例年、新入社員に向けて訓示する内容で「三年はがむしゃらにやれ」というのがあるのですが、H君は、「はい！」「はい！」と返事はとってもいい。

けれども、二ヵ月くらいすると、「この会社は○○してくれない」「○○があってできない」と不平不満や愚痴《ぐち》ばかり言い出すのです。他の人がみんながんばって働いているところを、雰囲気を悪くしてしまうのはこういう人です。

H君はよくあるセミナー等でノウハウだけは学んできたのか、たとえば、「人より先んじてお礼の手紙を出すと認められる」とでもいうような、小手先ですが、人より抜きん出ている部分も確かにあるのです。

しかし、実際仕事をしていくうえで付き合い出すと、ヌケやモレが多く、簡単な漢字ですら間違えてしまう。今まで生きてきたなかで、まともなことにコツコツ取り組んでこなかった証《あかし》でしょう。

こういう人には簡単な仕事はお願いできるけれど、責任ある仕事は、到底《とうてい》任せられない。本人は悪気もなく、気持ちも優しいし……でも「使えない」というのが企業の判断です。

結局このH君も三年くらいして、自ら転職していきました。

結局、社会人としても、アルバイトとしても、まったくまわりから認められないかわいそうな男の子たち。権利には義務が先立つものですが、義務を果たす以前に、四の五の言っては相手に呆《あき》れられ、最終的には自分の居場所すらなくしてしまう彼ら。**実質的な社会性が身につかないまま育ってしまう怖さ**を、日々、まざまざと感じています。

共通しているのは、**「鍛えられていない」**こと。**ガツンと言ってくれる大人にたった一度も会えず育ってしまった**という問題です。ノウハウ重視で、表面上わかったふりはするけれども、本質的な強さやがまん、根性が育っていないのです。

こうなってくると、現代の女性たちが、韓流スターにはまる気持ちもわからなくはありません。日本と違って韓国には、儒教精神が色濃く残っているからなのか、「男らしく育つ」とか「男なんだからみっともない」という気質があるようです。

実際、徴兵制があって体も鍛えているから、韓国の男性たちは筋肉質で、たくましい。女性たちは「あっちのほうが、何があっても食っていけるタイプだな」と本能的に判断しているのではないでしょうか。

そもそも、女性というのは、多くは本能としておしゃべりが好きです。つまり、コミュニケーション能力が男性に比べて、圧倒的に高い。常に相手がどう思っているかを気にしながら生きているから、生身《なまみ》の関係が強いし、得意です。ネットにはまりすぎる人は少ないでしょう。

一方、男は放っておくと、抽象的なほうばかりに走ってしまいます。もともとネットにはまりやすい傾向にある男性たちが、世相を反映して、「ネット上の恋人こそがリアルだ」と本気で思ってしまったら（現実にすでにいますが）、男の子たちは、ますます今後、現実の人間関係に太刀打《たちう》ちできなくなっていくでしょう。

先日、アルバイトをしている学生たちと懇親会をしたときのことです。皆カッコいいし、見た目はいいのに、よくよく話してみると、そのうちの九割の男の子は「彼女がいない」のです。「今まで異性と付き合った経験が一度もない」という子がほとんどでした。これには愕然《がくぜん》としました。

調べてみると、二〇一〇年の人口動態統計では、日本人の婚姻率は長期低落傾向にあり、現在の三〇代後半男性の四人に一人が、二〇代後半の男性にいたっては三人に一人が、一生独身となることが予測されているのです。

切に言いたいのは……

男たちよ、生身の関係に強くなれ！

男たちよ、体を鍛えろ！
男たちよ、根性を鍛えろ！
ということです。

この本が、悩みながら日々の子育てをするお母さんたちにとって一助となれば幸いです。

もくじ　お母さんのための「男の子」の育て方

第1章
お母さんはタイヘン！男の子って、こんな生き物だ！

第2章

自立

ひとりでメシが食えて頼りになる男に育てる

第3章

魅力

まわりから好かれてお母さんも大事にする男に育てる

第4章

学習

お母さんがつい自慢しちゃうほど優秀な男に育てる

装丁／坂川栄治＋坂川朱音（坂川事務所）
カバーイラスト／野田あい
本文デザイン・ＤＴＰ／新田由起子・徳永裕美（ムーブ）
本文イラスト／高田真弓

第1章

お母さんはタイヘン！
男の子って、
こんな生き物だ！

そもそも「男の子ってわからない！」もの

「男の子ってわからない！」

教室や講演会場で、お母さんたちからよく聞くセリフです。

実はそれもそのはず。そもそも「男と女」はわかり合えないものなのです。それに加えて、現代においては、異学年の交流や人間同士の交流が希薄《きはく》です。異性の兄弟がいないケースも増えています。

そのため、一番理解が難しい異性に対して、お母さんもお父さんも「経験値」が足りないまま育ってしまっています。自分とは「違う生き物」だからしかたがない面が多々あるのですが、「なんでわかってくれないの！」とみんなが困っているのです。

この問題は、特に夫婦間において顕著《けんちょ》です。「愛だ、恋だ、結婚式だ」の恋人時代は、本能で突き進めるからいいのです。

ですが、夫婦になって、長い時間を一緒に過ごすようになってきてはじめて、お互いの正体が見えてくる。

「うまくいかないなぁ」とお互いが思っているのです。

まず、たいていの男性は女性に対して、「女はくだらないことばかり、よくしゃべるよなぁ」と思っています。

「ちょっと聞いていないとすぐ、イライラしはじめて……」

「怒るとすぐ、わけのわからない状態になってしまって……」

「過ぎた昔のことを何度も口うるさく言ったり、いじわるをぐりぐりしてきて……」

とも思っています。男にはまったくない性質に夫婦になってはじめて直面し、げんなりするのです。

一方、女性は「男が男であること」にはじめて直面して、やはり落胆《らくたん》するようです。

男には「大切なこと以外はどうでもいい」という感覚があります。

なので、ちょっとした生活のこと、たとえば「ここに洗濯物を入れてね」がいつまでたっても直らない。女性からしてみたら「だらしない！」でしょうが、男にとっては「瑣末《さまつ》なことだからいいじゃないか」となるのです。でも女性としては、当然ながら「私の言うことを聞いていない！」とカチンときます。

この「聞いていない」は範囲が広くて、そもそも女性同士は

「だよね～」

「ひどいね～」

「あら、そう」

など、反応し合いながら人の話を聞くのが基本形の作法。

一方、男にはその作法はなく、「要するに」という事実と結論以外に興味がないから、そういう「聞き方の作法」自体が、人生の無駄に思えてしまう。

「愛だ、恋だ」の時代は、何を話してもお互いがかわいいから成り立っていますが、夫婦になった途端《とたん》、このような壁にぶち当たる人は多いものなのです。

そして、一番深刻なのは、お母さんが孤立した子育てに追い込まれたなかで勃発《ぼっぱつ》する、夫婦間の「男女問題」です。先程お話ししたようなすれ違いにより、母親の子育てがより一層孤独度を増す側面があるのです。ここの部分は、お父さんもお母さんも

ともに相当に意識して、イマジネーションを持って付き合っていかないと、どんどん難しいことになっていきます。

「今、妻は、しゃべりたくてしかたないんだなぁ」とか「今の夫は、野球の勝ち負けがそんなに大切なんだなぁ」といったように、お互いの自分にない部分を想像力で理解していく必要があるのです。お母さんには、本当に感覚としてわからないでしょうけど、男性は、勝負事《しょうぶごと》にこだわるし、いつまでたっても子どもっぽいものなのです。

夫を犬と思えば腹も立たない

よく講演会でも言うのは、「女性は男性を『犬と思え』」と。犬だったら、「しっぽをふっているから、喜んでいるんだな」と理解するでしょう。もちろん、自分にはしっぽはないし、その感覚もまったくないけれど、「こういうときにこの人は喜んでいるんだな」と、観察をして理解していくことが重要なのです。

男性から女性も同様で、要は別の生き物として、想像力を働かせてわかろうと歩み寄るしかない、ということです。

なまじっかお互い人間の形をしているから、「わかってくれない！」と思ってしまいます。

でもそうではなくて、そもそもお互いが、相当努力しないと一緒には暮らしていけないのです（詳しくは、拙著《せっちょ》『孤母社会　母よ、あなたは悪くない！』（講談社）をご覧ください）。

「異性」＆「幼児」だからわからない、イライラする

そして、この「わからなさ」は、まさに男の子に対しても同じです。お母さんからすると、男の子は、「異性」＆「幼児」であるから、ダブルでわからなくて、イライラしてしまうことが多いのでしょう。

「もともと相手は自分とはまったく違う生き物」であり、**「さっぱりわからない」**し、**「自分の女性らしい感覚は共有できない」ことを前提に付き合っていってほしい**のです。

今までの自分を培《つちか》ってきた女の論理や女性の感性でもって、ばっさりと子どもを

切り捨ててしまっては、男の子もがっくりきて、つぶれてしまいます。そんな、お互いがかわいそうな例を数多く見てきました。

たとえば、女の子は「いじわる耐性」とでもいうものがもともとあって、ちょっとした嫌味も流せてしまいます。

しかし、男の子はいちいち傷つきます。男の子にとって、お母さんは女神なのです。下に弟・妹がいるお兄ちゃんに向かって、

「あんたは本当にぐずぐずしているわね～」

とお母さんがぽろっと口にした言葉は、男の子の心に、グサッと刺さっています。

「お母さん、そう思っているんだ……」と、本当にいちいち傷ついています。母のイライラした表情とともに言われる言葉に、弱いのです。あとでも述べますが、言葉は残るので本当に気をつけてほしいのです。

ただ、救いなのは、**たいていのお母さんは、なんだかんだ言いながら、「男の子はかわいい」と思えてしまう**こと。

そして、**何をどんなふうに言われても、どんな男の子も「お母さんが大好き」**なこと。

あんまり神経質になりすぎる必要はないのです。

皆さんが相手をしている「男の子」は、異性かつ幼児であるというダブルで違う生き物なのです。

これからお伝えすることは、「あぁ、そうなんだな、そういう生き物なんだなぁ」と、イマジネーションを豊かにして、理解してほしいと思います。

次からは、そんな男の子ならではの特徴についてお話ししていきましょう。

男の子の特徴❶

落ち着きがない

女の子も幼児期はある程度そうですが、特に男の子に特徴的ではなはだしい部分です。

ひとときもじっとしていない。でも、そういう時期なのです。神様以外、どうしようもないものですから、お母さんはイライラしないでください。

私の長年の指導経験からすると、高校生以降伸びるタイプの子は、小さい頃は生命エネルギーにあふれていて、落ち着きがないことが多かったです。

しかし、お母さんたちと話していると、たったこれだけのことでもご存知ないことが多いのにびっくりします。

「いい加減に、じっとしていて！」は絶対無理と、肝に銘じるべきです。お母さんからすると、お母さん同士で話しているときぐらいじっとしていてほしい、という願いがあるのでしょうが、子どもにとってこんな退屈なことはありません。

「何かおもしろいことをしたいし、興味のままにしか動けない」のが男の子。

体が大きくなってお母さんと体格が同じくらいになれば、嘘のように落ち着くものなのです。たいていの男の子は、「振り返ったら同じところにもういない」ものと思って育ててください。

チョロ介は
将来有望
がまんがまん

男の子の特徴②

何度言っても忘れる／片づけができない

これは、幼児の大きな特性でもありますが、特に男の子にはなはだしい部分です。「脱いだ靴下は、ここ」と、何度言っても無駄なのです。男の子は、「いいじゃん、どこでも」と思っています。特に幼児性が強いと、そうなる傾向があるようです。

はじめての子が男の子だと、ついキレてしまうお母さんも多いでしょう。イライラしながら、「何回言えばわかるの！」と怒鳴ってしまいます。

でも、これは私に言わせれば、喜劇のようなものです。「何回言ってもわからないのが、幼児」だし、「何回言ってもダメと言われたことをやってしまうのが、男の子」なのです。

知っておいてほしいのは、幼児期の大きな特徴は、「振り返りが苦手」ということです。

どんなに「片づけなさい！」と怒っても、**終わったことの後始末をするのは、最も興味がわかないことの一つ**なのです。実は、できる子でもイヤイヤやっているのです。

そもそも、自分の行動を振り返ることや反省という概念《がいねん》は、幼児にはありません。

今、今、今、と今を生きていて、次々と新しくておもしろいことをやりたいのが幼児です。

もっとも、そうはいっても、実生活では困ってしまいますよね。

そんなお母さんには、花まる学習会のお泊り合宿で行っている秘訣《ひけつ》を伝授しましょう。

それは、**片づけを「ゲーム」にしてしまう**ことです。

「さぁ、これから時計の長い針が６にいくまでに、どれだけきれいになるでしょう？　よーい、スタート！」というのもいいですし、「お母さんが洗濯物を入れるのと、まーちゃんが全部おもちゃを仕舞うのと、どっちが早いか、競争ね！」というのもいいでしょう。

どんなことでも、「新しいゲーム」であり、「前向きなもの」として提示すればいいのです。

ここはお母さんの気持ちの余裕が試されるところ。イラッとする心にひと息入れて、「さぁ、新しいおもしろいことがあるね！」という気持ちで声をかけてあげてください。

振り返る
気などまったく
ありません

男の子の部屋の片づけ競争

片づけを「ゲーム」にしてしまえばご覧のとおり（花まる学習会主催のサマースクール：宿泊の野外体験合宿より）。

男の子の特徴③

好きなことしかやらない

幼児の特性として、「なんでも好きになれる」し、「おもしろいと思えばやる」というのがあります。

子どもが一生懸命やることは、二つしかありません。

「生活のなかで必然性があること」か、**「おもしろいこと」**です。

あとでも述べますが、「自分がこのコップを運ばないと、家族みんなが食事をはじめられない」と思うと、手伝いたい気持ちになるし、一生懸命やります。おもしろいと思えば、洗い物だって掃除だって何だって一生懸命やるのです。

「でも、やってほしいことにかぎってやらない」という声が聞こえてきそうですが、これは、大人側の力量・芸風の問題でもあります。

先程の片づけと同じように、遊びとして提示すれば、成功する場合が多くなります。

ただし「楽しくやりなさい！　楽しく！　ほら、Jちゃんは楽しくお手伝いしているでしょ！」と言っても無駄です。
ほんの少しでも強制のニオイがしたら、もうつまらないのですから。
「子どもがわくわくするような声かけ」を極《きわ》めましょう。

芸風で
育ち差がつく
男の子

男の子の特徴④
冒険やスリルがあるものが好き

男の子は「冒険」というだけで、大概《たいがい》、なんでも好きになるし、わくわくするものです。「何でこんなに好きなのかなぁ」と、大人なら不思議に思うぐらい好きです。

もっとも、遊園地での「冒険」ではありません。ジェットコースターで設定されている怖さでは、安全が絶対的に確保されているのが子どもからも透けて見えてしまうのです。

しかし、たとえば川遊びはまったく違います。下手をすると、足を滑《すべ》らせて命を落としてしまうかもしれません。木の枝も尖《とが》っていたり、岩も滑りやすかったりします。でも、大人が細心の注意を払っていれば、子どもなりに命がけで激流と戦う経験をさせることができます。

二〇一一年のサマースクールでも、小学三年生の男の子たちが、沢登りの最中《さいちゅう》に、

「これ、本物の冒険だ！　本物の冒険だ！」

と、激しい流れに足を取られながら、大興奮していました。

男の子はリスクが好きな傾向があります。なぜかはわかりませんが、リスクやスリルは「カッコいい」という気がするのです。

たとえば、「渡ってはいけない川を泳いで戻ってきた日」は、

「今日は俺、カッコいい遊びをした」

「俺って、すげえ」

と思っています。そして、この危ない遊びは、男の子同士では「○○君、すごい！」という称賛に値《あたい》するのです。

ここは、「なんでわざわざそんな危ないことをするの、馬鹿じゃない」と、女の子や女性にはまったくない感覚でしょう。しかし、実際に、**男の子同士では、危険なことをした人間は株が上がる**のです。

現在五二歳、いい大人になった私自身も、たとえば今、座っているこの椅子を座り

ながらどこまで傾けたら倒れるか、試したい気持ちが常に「ある」のです。笑ってしまいますが、これが男の子（男）なのです。

理由なく
危険愛する
僕がいる

男の子の特徴5

勝ち負けにこだわる

男の子は、勝ち負けにこだわる子が多いようです。

たとえば兄弟でも、「どちらがケーキの大きいほうを取るか」はいつもバトルになります。そうめんでも、「弟には、赤や緑のが入っているのに、僕のにはない！」と騒ぎ出します。

「そんなのいいじゃない、どうでも」とお母さんは思うでしょうが、本人たちにとっては、勝ち負け＝プライドの問題なのです。

仲良く家族でトランプをしていても、負けると最後は泣き出すので困る……というお母さんもいるでしょう。男の子は、負けたこと自体を認めたくなくて、悔しさが奔《ほん》流《りゅう》のようにあふれてきてしまうのです。

「なぜこんなに？」と思うほど、その勝ち負けにこだわってしまうのです。

また、こういう子は、勝ったときは、鬼の首を取ったかのように、大喜びするものです。女の子同士では、相手への配慮もあって、たとえ勝ったとしてもそこまで喜ばないものですが、男の子には遠慮はありません。

「わーいわーい、勝った勝った！」

と相手を揶揄《やゆ》して喜び続けます。まぁ、これもそういうものなのです。

実は、**勝負事《しょうぶごと》に負けて泣けるような子、また、この負けず嫌いの傾向は、「将来有望」**な面でもあります。勉強面で、「自分がわかったか、わからなかったか」や「目の前の一問」にこだわれる子が多いので、伸びる可能性が高いのです。

男だもん
勝った負けたで
さわぎます

男の子の特徴⑥

たたかいごっこが好き

ここも、女性にはまったくわからない部分でしょう。下手をすると、「たたかいごっこ」はいけないことだと思っている方もいるでしょう。「人を傷つけるまねごとなんて……」と。

でも、好きなものは好きなのです。そして、**ある時期に通過儀礼としてやっておかないと、逆に健全さを損《そこ》なってしまう**項目です。

たとえば、○○レンジャーなどのヒーローものを、男の子は、一回は好きになります。定番物には、男心をくすぐる要素があるのです。勧善懲悪《かんぜんちょうあく》も、ヒーローのピンチの場面とその克服も、本当に定番ですが、心からわくわくしているのです。

お母さんは、もちろん、たたかいごっこなどせずに育ったでしょうが、ここはイマジネーションで理解し、見守ってほしいところです。

見えない敵と「とりゃー！」とたたかっている姿に、

「何、それ？」

「うちの子、頭がおかしいのかしら？」

と思わないでください。男の子はしないといられないのです。ヒーローや怪獣《かいじゅう》になりきっているわが子がいたら、「健全、健全、そういう時期」と思ってください。

**怪獣は
オレのパンチで
一撃だ**

男の子の特徴⑦

けんかをしながら仲良くなる

幼児期の女の子同士のけんかは、得てして、いじわるだったり、無視する（ハブにする）精神戦だったり、言葉のたたかいだったりします。相手がいかにへこむことを言えるか、とでもいうような（もちろん、必ずしも全員ではありませんが）。

一方、男の子同士の場合は、けんかをしながら仲良くなります。言葉のけんかももちろんありますが、手が出る場合が多いですね。力のたたかいこそがけんかであり、それが終わるとたいてい仲良くなるのです。

ちょっかいを出してけんかをするのも、仲良くなりたいから、という場合もあり、健全な関わりの一つなのです。

「やめなさい、お兄ちゃんなんだから」

と、兄弟げんかの仲裁《ちゅうさい》をするのにうんざり、というお母さんもいるでしょう。

しかし、

「片方が泣いたら終わり」

「ケガに繋《つな》がりそうだったら終わり」

というように、**わが家のルールさえ設ければ、男の子同士のけんかは放っておいていい**ものです。

「取っ組み合いのけんかは悪」の文化を押しつけすぎてしまうと、男の子同士の健全な関わりを阻害《そがい》してしまい、仲間づくりを邪魔してしまうことにも繋がります。

自分が女兄弟のなかで育ったお母さん、そして、自分の子が長男だった場合は、「けんか」に対する母の感覚は、いったん横に置きましょう。

幼児期にたくさんけんかをして仲直りする経験こそが、男の子の成長に繋がるのです。

「もめごとはこやし」です。

たたかって
いつのまにやら
じゃれ合って

男の子の特徴8

品のないことが好き

二〇一一年のサマースクールで、小学一年生から三年生くらいまでの男の子の班をのぞいたときのこと。一日の九割は「かんちょう」だ、「おけつ」だ、「ちんこ」だ、「うんこ」だ、「ぞうさんぞうさん」だと言っています。

もうこの時期は、そういう言葉を言うのが大好きなのです。何かっていうと、そればっかりです。観察していると、誰かがそういう言葉を言うと、必ずみんなで「あはは」と笑います。みんなで笑う瞬間が好きなのでしょう。仲間意識を共有していることが伝わってきます。

そもそも、男には、上品ぶったりすましているのがカッコ悪いという無意識の文化があります。「カッコつけないほうがカッコいい」とでもいうような。どっちが恥ずかしいことを言えるかというように、「品の悪さ」で勝負しているのです。

実はこれは、大人になってもそうなのです。

たとえば先日、ある研究のために主に東大生を集めて合宿をしました。彼らは私から見ても一目も二目も置く、ＩＴの先端を走っているような学生たちです。もちろん、各企業からも引く手あまたな優秀さ。

その彼らの合宿で一番話題になったのは、U君の「ショートコント：全裸」です。何の芸もなく、「ショートコント、全裸」と言って全裸を披露したという他愛のないことですが、それこそが彼らの笑いのツボであったのです。

まさに男の子の特徴でしょう。

「下ネタ」だったり「笑われること」を言えたり、やったりしたほうが「勝ち」なのです。逆にこれをやれないと男社会では認められないこともありますし、こういう場ですましているのはいよいよカッコ悪い、どっちが自分を落とせるかが勝負、という文化なのです。

女性にはまったくわからない領域でしょうが、男の子や男とはそういう生き物なのです。

「おけつ」だよ
「うんこ」「ちんこ」だ
ワハハのハ

男の子の特徴⑨

汚いことを気にしない

男の子は、お母さんが汚いと思うことでも、気にしません。ドロがついてひざが汚れたズボンでも、次の日も平気ではいてしまえるのです。

これもサマースクールの事例です。

「うちの子、三日間同じ下着で過ごしたようですが、引率《いんそつ》のリーダーの方は何を見ていたのでしょうか」というクレームがくるのは、全員男の子のお母さんからでした。

「別にいいじゃん」というのが男の子の感覚なのです。

私としては、「ケガもなく無事に帰ってきたのが一番なのだから、いいのでは？」とも思うのですが、それはしょせん男性の感覚。ここはお母さんとしては、とても気になる部分なのでしょう。

もちろん、リーダーから声をかけてはいるのですが、着替えて早く遊びたくてしかたがない男の子たちは、新しい下着をお風呂場に持って行っていたとしても、「新しいのはビニール袋に入っていて出すのが面倒だったから」という理由で、脱ぎ捨てたものをもう一度はくのです。

同じように、男の子は「汗は乾くもの」と思っています。「風邪をひくから着替えなさい」の感覚がわからないのです。

「俺、風邪なんてひかないし」と思っています。

一説には、男の子は女の子より皮膚感覚が鈍感ということもあるようです。

思春期に入って、**「身だしなみ」という言葉がわかるようになるまでは、あまり目くじら立てずに、大らかで**いてください。

小汚い
くらいでオイラ
ちょうどよい

男の子の特徴⑩

飽きっぽく、動くものが好き

お母さんから見ると、「男の子は飽きっぽいなぁ」と感じられる一面があるようです。

「あれが見たーい！」と泣きわめいていても、少し見せたら「もういい」。お母さんとしてはせっかく願いを叶《かな》えたんだから、もう少し楽しんでほしいものですが、男の子は、ちらっと見られれば、それでもう満足なのです。

もちろん、女の子にもあるでしょうが、男の子は比較的、視覚優位なのでしょう。各年代を通していろんなものを見たがるように思えます。

たとえば、「はやぶさ」という新しい新幹線が出たというと、すごく見たいのです。でも、一瞬見られれば気はおさまります。

つまり、「おもしろかった～」で、次に行きたい生き物なのです。興味の回転が速くて、次々とターゲットを変えて生きているのが幼い男の子なのです。

「すぐ飽きる」ではなく、「すぐ満足する」と思って接してください。

また、ある研究によると、男の子は動くものにはどうしても目がいってしまう、という傾向もあるようです。男の子と女の子の目の細胞を比較すると、動くものに反応する細胞を男の子は多く持っていて、人の顔に反応する細胞を女の子は多く持っている、というのです。

塾や学校などの指導現場ではとうの昔に知られていることですが、男の子のほうが、車や電車などの乗り物が好きです。動きがあるものに、自然に反応してしまうのでしょう。

消防車！
あ、飛行機だ！
ママ、電車！

男の子の特徴⑪
字が汚い

平均して、男の子のほうが字は汚くなりがちです。

低学年時代にお母さんが「この子、字が汚いんです」と言うときは、「常にいつもきれいに書いてほしい」という例がほとんどです。

しかし、それは間違いです。

たとえば、年賀状や硬筆の時間などの、ちゃんと書くべきときにきれいに書くことができれば十分なのです。

私は「きちんと病」と呼んでいますが、ノートをきれいに書くことばかりに神経を使ってしまい伸び悩みに繋《つな》がる例は、長子長男の場合に多くあります。

小学校に入って、お母さんから垣間《かいま》見える学校の様子は、連絡帳やノートからのものなので、特に低学年時代は、子どもにガミガミ言ってしまいがちです。

でも、**「書くべきときに書ければよい」と割りきって**ください。

あとでまた述べますが、優秀な子、なかでも数学が得意な子は、頭脳の回転スピードに字を書く速さがついていかなければならないので、「スピードはあるものの、字は汚い子」が多いのです。

もちろん、汚い字がいいということではありませんが、**型にはまった、さえない子よりは、必要なときにきれいな字を書ける、頭の回転が速い子**に育てたいもの。

お母さんの意識こそを変えるべき項目です。

ミミズでも
いいんじゃないの
読めるから

男の子の特徴⑫

行動が遅い

「行動が遅い」というときには、二種類の意味があります。

①運筆《うんぴつ》そのものが遅いというように、「一つ一つの行動が遅い」場合

②筆箱を取り出して書き出すまでが遅いというように、「取りかかりが遅い」場合

それぞれ別問題なので分けてお話ししましょう。

①「一つ一つの行動が遅い」場合

一つ一つの行動スピードは上げないといけません。

美意識からではなくて、「現代の厳しさ」という意味からです。

近年の教育で間違っていたことの一つは、なんでも「個性」で認めてしまいすぎたところです。

たとえば、「ごはんを食べるのが遅い子もいますものね」と認めてしまうのです。

多少はいいのですが、許しすぎると、社会へ巣立てない子が育ってしまいます。

アルバイトでもぐずぐずやっていると、「とろい」と言われて、「あいつは、使えない」と判断されてしまうのが世の現実です。

もちろん、広い世界にはいろんな社会がありますが、いい悪いは別として、**現代の日本社会で働いていくには、「とろい人は正直困る」**というのが皆の共通感覚でしょう。

基本的には子どもの行動スピードは、「テキパキできるのがカッコいいし、すごい」というスタンスで、言い続けてあげるのが大切です。

②「取りかかりが遅い」場合

たとえば、「お風呂入りなさい」に、「は～い！」と口では言っているけれど、ぐずぐずしている、というのが「取りかかりが遅い」典型です。

やっていることがおもしろいとやめられないのが、特徴です。男の子は、何歳になってもそういう側面があります。

おもしろかったらやり続けてしまう、というのは、何かに秀《ひい》でる子の一つの特徴でもありますが、お母さんとしてはイライラするポイントでしょう。

ここは、幼児期の一つの課題です。残念ながら、そう簡単には変わりません。覚悟して何度も何度も言い続けるしかありません。

生活面で「取りかかりが遅い」場合に、「早くしなさい！」と言うのは構いませんが、できればママが本気になった「威圧感」で子どもを動かせるとよいですね。

私の経験では、**口だけの指示でなく、肩でも頭でもさわりながら指示する**と効きめがあります。

また、先程の例にも挙げましたが、「さっ、七時五〇分までに耳の後ろもきれいにして、お風呂に入ってこられるかな？」と、新しいゲームや競争にしてしまうことも効果的でしょう。

うわ、まずい
ママの頭に
ツノが出る

男の子の特徴⑬

オタク傾向、収集癖がある

オタク傾向は、男の子のほうが強いようです。

「○○怪獣のパワーは五○じゃなくて、五一だよ」などと、ディテールにこだわって覚えて、披歴《ひれき》するのが好きなのです。

電車も「これは○○系」「こちらは○○系」と、それを見ながらウヒウヒするような嬉しい感覚を味わっているのです。

男の子たちは、顔を寄せ合って「こいつ、変身すると最強だよね」「マジ、最強だよね」と言い合っています。

長じると、大人になっても音楽などでそういうところを語りたがる人がいます。最近会った法曹《ほうそう》の仕事をしている友人は、自分のアイポッドから曲を選んで私に聞かせながら、「これは、LPのほうにしか入っていないバージョンなんだよね」とニコニコ話していました。

そういうオタク傾向というか、ディテールにこだわった話をするのが、男は大好きなのです。

また、オタク傾向のなかの一つに、収集癖というのもあります。

もちろん、収集癖は、女の子にもあるでしょう。

しかし、女の子は、色つきのペンやシールなど、見せることに最大の目的があるし、役に立ち価値があるものへ目がいくように思います。

一方、男の子の収集癖は、完全に「集めること」自体に意味があるのです。石一つでも「こんな色は、はじめてだ」と心から集めることを楽しんでいます。何か原始の痕跡《こんせき》なのでしょうか。

お母さんから見ると、消しゴムのかす、牛乳瓶のふた、摩耗《まもう》して丸くなったガラスくずなど、まったく役にも立たない汚らしいものでも、興味を持って集めたがることがあります。

しかし、収集癖は、私が知る、「現在メシが食えているすべての男の人」の過去にあります。

「うわっ！　汚いから捨ててきて！」ではなく、ぜひ「そんなに好きなのね」と温かく認めてあげてください。

集めるぞ！
クズ・カス・カード
フタ・シール

男の子の特徴⑭

理屈で納得する

男の子は総じて、理屈っぽいものです。理屈っぽくいちいち説明したがったり、因果関係を証明したがったり。理屈で納得しないと、動けないところもあります。

たとえば、この前のサマースクールでも、ある小学一年生の男の子が問題を起こしていました。「何かな？」と思うと、「僕は食堂じゃなくて、廊下で食べる」と言い張っている長男G君。この子は、何かあると細かいことを気にして「僕はやらない」と言い出すところがある子です。

今回は「横の奴がはたくから、みんなと食べたくない」「僕は廊下で食べる」と言って、リーダーを困らせているのです。「みんなで食べることが大事」と言ってもまったく聞かず、逃げ出そうとします。

そこで、私から話すことにしました。

「じゃあ、隣の奴がはたくからって、全体行動から外《はず》れていい理由になっているのかい」と怖い顔をして言うと、泣きながら「なってない……」と自分でも言います。

「今の行動は、わがままだぞ」と一つ一つ理屈を言ってきかせ、納得させて、食堂に戻ることになりました。

女の子は、誰かがすごく気にしてくれたり、心配してくれたりすると、気が済んだりしますが、**男の子は理屈で納得することを好む**のです。

お母さんとしては、いちいち理屈を言わなければならないのが面倒でもあるでしょうが、そこは少し譲歩《じょうほ》して、付き合ってあげてください。

こうでこう
こうだったらば
納得だ

男の子の特徴⑮

お母さんのことが世界で一番好き

これは、言わずもがなのことですが、実は、お母さんたちが自分で意識している以上に、「母への忠誠心」を男の子は抱いています。忠誠を尽くす犬と同じで、**「お母さんが喜ぶならなんでもしたい」**と思っているのです。

ある人から聞いた話です。

近所で泥棒が出ると話題になって、お母さんが「心配だなぁ」と言っていたそうです。それを聞いた、その家の五歳の男の子が、夜になると新聞紙の刀を抱えて「お母さんは僕が守る!」と玄関に寝ずの番に立つようになりました。

でも五歳の男の子ですから、夜中に寝ないでいられるわけがありません。結局、寝入ってしまったところを、お母さんが毎晩ベッドに運ぶはめになったと。微笑《ほほえ》ましい話です。

もちろん、守れるわけはないけれど、守ろうとするその気持ちこそが、お母さんには何とも嬉しいでしょう。

こんなエピソードは、男の子を育てている、どのお母さんも持っていることでしょう。

つまり、お母さんは、男の子にとっての「女神」なのです。

そして、その中心には「ごはん」があると私は思っています。昔から、姑から嫁へ、母から娘へと言われていることですが、男の子（男）の「胃袋をつかむ」ということです。犬でも同じでしょう。「えさをあげれば裏切らない」のです。

また、「ごはん」に象徴されるように、いつでも自分の身のまわりのことを心配してくれている人という意味でも、お母さんは男の子にとって、一番大切な存在です。

どんなときでも「ひもじくないかな、寒くないかな」と、わが子のことをイメージできることがお母さんの最大の強みです。

男の子は、そんなお母さんの気持ちを敏感に感じ取っています。

「半袖で大丈夫？　今日寒くなかった？」と言われるたびに、「寒くなんてないよ、何言ってんの？」と内心では思っていても、包み込むような母の愛を感じているのです。

この繰り返しで「この母のために……」という気持ちが固まっていきます。

ママあのね
僕が守って
あげるから

第2章

自立

ひとりでメシが食えて
頼りになる男に育てる

さて、子育ての最終目標とは、なんでしょうか？

まず考えられるのは、親元から離れ、ひとりで自立して生きていく手段（＝仕事に就く能力）を身につけさせてあげることでしょう。

就職難の世の中ですが、自分の力でゆくゆくは仕事を見つけ、自立してほしい、というのがどんな親にも共通する願いのはずです。

それに加えて、頼りがいのある大人に成長してほしいという思いもあるでしょう。

この章では、**まずは将来、仕事を持ち自分の力で生きていくためには、子ども時代にどんな習慣を身につけさせ、どんな経験をさせることが必要か**について、私の身近な社会人の事例も紹介しながら、お話ししていきます。

もう一度見直したい生活習慣としつけ

①早寝早起きは軽い気持ちで例外を許さないで

身につけてほしい生活習慣の一番目は、「早寝早起き」です。精神的な強さに繋《つな》がる一歩目です。社会人で毎日、早起きし続けられる人は信頼できます。

逆に、「早起きができない奴は伸びない」のです。

たとえば、中学高校時代にゲームやネットにハマってしまい昼夜逆転の生活を送るようになると、子どもたちは、ちょっと頭が痛いとか眠いとかで、「今日、無理かも。学校を休もう」という発想をしてしまうようになるのです。

「悪い虫を持っている状態」とでも言えるでしょう。そうなると、不登校やひきこもりの状態に陥《おちい》ってしまいます。

そういう昼夜逆転を長く続けていた過去を持っていると、大人になったときに三六五日のなかで「穴があいてしまうこと」があります。部下として、重宝《ちょうほう》しようにもできなくなってしまいます。

青年期の育ち方というのは、そういう意味ではとても大事です。部活などで早起きは当たり前という体質になってしまうと、その後の人生にとってすごくプラスです。ただし、青年期にたとえ「悪い虫を持った状態」になったとしても、「誰かと付き合う」「結婚」「子どもの誕生」などは一つの革命期であり、人生のターニングポイントです。

変われるとしたら、このときです。

「人は自分のためではなく、人のためにしか変われない」ということです。

幼少期において親として気をつけるべきは、**「休みのときくらい……」という軽い気持ちで「遅起き」を許さない**ことです。「知・情・意・体」、すべての面で「早寝早起き」をし続けて「外遊びをすること」が一番です。

②「休まない」体力はママの心がけで身につく

体力は必要不可欠です。結局、欠勤が多い人とは、いい仕事はできません。私が知るかぎり、事を成している人で、休みが多い人は見たことがありません。

「そのバイタリティは、いったいどこから来るんですか?」と言われる人たちこそが、いい仕事をしているのです。

もちろん、それは気力が充実しているからなのですが、彼ら・彼女らには確実に基礎体力があります。プロのアスリートであるための体力という水準は必要ありません。「基本的に休まない」という基礎体力のことです。

この基礎体力は、中学高校の部活をやり遂げた力があれば大丈夫です。これがない子たちは、私の正直な実感として、へなちょこが多いようです。大人になって、見た目はいわゆる「マッチョ」でも、すぐお腹をこわして休む人もいます。持久力というか、バテない体力は、仕事をやり遂げる基礎部分としては、かなり重要です。

一般の社会で仕事をやり遂げるためには、たとえば、一年の間に一日、二日は徹夜同然ということは必ずあります。子育てにだって、出産直後や子どもの入院など、眠れないときは当然あります。

「いざ」というとき、多少寝なくてもがんばり抜かなければならないときが、人生には何度もあるのです。もちろん、震災などの緊急時もそうでしょう。その程度の体力はなければならないのです。

そして、これはまったくもって自分の責任です。自己管理能力が問われる項目です。

さらに具体的に言うと、「脚力《きゃくりょく》」こそが基礎です。座り仕事が長いとなまってきてしまいますが、「歩く」、できれば「走る」ということは、人間としてとても大事です。

たとえば、私の知るかぎり東大生は意外と一五〇〇メートル走のタイムがよいのです。

これは何に繋《つな》がるかというと、「粘り強さ」です。どんなに眠くたって、「よっしゃ、あともう一問！」と人より多くやることを積み重ねていけば、馬鹿になりません。頭がいいといわれる人でも、基礎体力、粘り強さという意味での体力は必須項目なのです。

聞いた話によると、頭のいい子が多いといわれる小学校の筆頭である、某国立大附属小学校でも、「体操」こそに力を入れているそうです。

学校から帰ると、ランドセルを放り出して、外に駆け出していくわが子を見ているお母さんの気持ちからすると、「もう遊んでばっかり！　勉強してよね」となるかもしれませんが、都会で育つ子は要注意です。**意識して外遊び・体を動かす機会を設ける**必要があるからです。基礎体力は、学力に直結する項目なのです。

また、精神科のお医者さんに言わせると、「立ち方・歩き方」で、うつ病か統合失調症かというように症状がわかるそうです。私自身も、現場で何年も子どもを見ているため、歩き方、跳ね方、足腰の強さで「どれくらいがんばれる子か」がわかるようになりました。

誰もが鍛えられる部分なので、外遊びから入って、中学高校時代の部活はぜひやり遂げてほしいものです。

足腰の強さは「粘り強さ」、手先の器用さは「ひらめき」に繋がると感じています。

「脚力」こそ基礎になる！

③忘れ物を手助けしすぎで伸び悩む子に

女の子でもありますが、「忘れ物」率からいうと、男の子が多いようです。

一つの原因としては、「過集中」の問題があります。集中したら、一点過集中になりがちなのが男の子なのです。

「ハンカチも、ティッシュも、給食袋も……」というのはどうしても苦手。「今日は学校に行ったら、サッカーの場所をちゃんと取らなきゃ」と思っていると、他のことは全部忘れてしまうのです。

お母さんからしたら、「うちの子、アホじゃないかしら……」と思うかもしれません。サッカーのことを考えていたら、ランドセルさえ忘れて学校に行こうとする子もいるほどです。

「やれやれ」と思うでしょうが、男の子の脳みその傾向として、そのようになりやすい、と理解してください。

一方で、お母さんが過保護になりすぎてしまうのも、現代の「忘れ物の多さ」のポイントです。

お母さんが、忘れたことに対して「もう！」と口では言いながらも、いつまでも「手を出して」しまうのです。忘れたことに対して、自分で決着をつけることをしないので、いつまでたっても改善しないのです。

たとえば、お母さんが忘れたものを学校まで届けに行くのは、善《よ》し悪しだと思ってください。どうにかなりそうなものなら、みんなの前で先生に叱られる経験も、時には必要なのです。

実は、この**「自分のものを自分で準備できない」ことで伸び悩む子は多い**のです。低学年のうちはよいのですが、高学年になっても自分で自分の身のまわりのものすら準備できない子は、端的《たんてき》に言えば、中学受験はできません。勉強とは自分とのたたかいですから、「精神的な自立」が必要不可欠です。

いつまでたっても「お母さんが言ってくれなかったから、給食袋を忘れた」という関係が続いたとします。そうすると、「お母さんが（先生が）上手に教えてくれないから、この問題がわからないままなんだ」というふうに、勉強面にも甘えや責任転嫁《せきにんてんか》の構造が反映されるのです。過保護は、子どもの成長にとっては明らかに「悪影響」

です。

というわけで、ここは、お母さんの「離陸の仕方」が何よりも重要な項目です。

小学一・二年生までは、もちろん、手を出してOKです。三年生はボーダーライン。子どもによってまちまちです。**外で「一緒に並んで歩かないで」と子どもがお母さんに言い出したら、それが「離陸」の目安**です。男の子の自我の芽生えを象徴する言葉だからです。

お母さんとしては、「そうはいっても……」と思うでしょう。

また、かわいいわが子の世話を、いつまでも焼いていたい気持ちもあるでしょう。

ですが、何度も繰り返します。将来を見据《みす》えて、小学四年生からは、きっぱりひとりで立ち向かわせる覚悟が、お母さん自身にこそ必要なのです。

④挨拶はお母さん、お父さんがお手本に

挨拶の重要さというのは、小さい頃から学校でも「今月の目標」や「今週の目標」などでさんざん言われることです。

しかし、本当に身に沁《し》みてその重要さがわかるのは、社会人になってからでしょう。たとえば、最初の挨拶がいい担当者だったら、「よし、取引しようかな、任せてみようかな」と思うものです。人材採用でも、挨拶がよければ、「とりあえず、この人を採ろうかな」と思うものです。

弊社《へいしゃ》では「和顔直礼《わがんちょくれい》（和《なご》やかな顔で真《ま》っ直《す》ぐに礼をする）」という造語を作って、新人にもその大切さを伝えています。立ち止まって、相手を見てしっかり礼をする。長年やっていれば、「挨拶が中途半端な奴は決定的にダメだなぁ」とわかりますが、その真髄《しんずい》はなかなか伝わらないものです。

小さい頃は「こんにちは、でしょ！」ではなく、「なんて言うんだっけ」という示《し》唆《さ》をすることが大事です。ここの部分は繰《く》りごとでよいでしょう。

「挨拶は大事よね、あのお店の挨拶は気持ちいいわねぇ」

何度も伝えると、子どもに染み込んでいきます。

子どもからすると、恥ずかしいとか面倒くさいといった壁を一回飛び越えてしまうと何でもないのですが、対人が苦手な子、モジモジしている子にとっては、挨拶は壁になってしまいます。

ここで、「この子、なかなか挨拶ができないんですよ」で守ってしまうのではなく、覚悟を決めて言わせることが大事です。

人生を生き抜くという意味では、勉強よりも大切な社会的スキルです。

スポーツをやっている子は、自然に言えることが多いです。「こんにちはー！」と大きい声で挨拶すれば、大人がかわいがってくれる。「これって受け入れられるんだな。喜ばれるんだな」という成功体験がやる気の源です。

モジモジ君を打破するためには、具体的には声出しをやるのも有効です。お父さん、お母さんなど、身近な人が見本になるのが最適です。

⑤ 礼儀・マナーはまねをするから身につく

花まる学習会では、とても大事にしていることが一つあります。

それは、「靴」を必ず揃《そろ》えて、入室することです。靴が揃っていないと、授業をはじめません。たかが靴、されど靴です。「何かを整える」ことの一番わかりやすい例が、靴なのです。

小さい子は、「今しか生きていない」し、「他者性が弱い」ものです。たとえば、人からどう思われるかをまったく考えずに、ものや人をジーッと凝視してしまいますし、逆に向こうから見られていることに気づきません。赤ん坊は、その最たるものです。

礼儀・マナーの基本は、他者性です。

しかし、「何かを整える、次の人が使いやすいように戻す」ことは、「他者性が弱い」幼児期が最も苦手であるがゆえに、**「型をまねる」「靴から徹底」することがわかりやすい**のです。

たったこれだけの動作が小さい頃は身につかないものですが、あきらめず、何度も言い続けてください。

花まる学習会の授業では、数多くの教材を鞄から出し入れしますが、どんな子でも間違いなくできます。取材に訪れたテレビ局のスタッフが、「よくどの子もあんなに早くものの出し入れができますね」と驚かれますが、それは靴の脱ぎ方一つから徹底して意識づけをしているからです。

小さい子どもに、内面からわき出るものとして「人のことを考えてやろう」と納得させようとするのは無理です。**形式から入って、型や体で覚えることしか指導方法はない**からこそ、すべてに渡って、「親が見本になること」「何度でも根気よく言うこと」からはじめましょう。

⑥目に見えれば約束は必ず守れる

基本的に子どもたちは、正義感に満ちています。

「約束破りだよ」

「ずるいよ、それ」

と必ず言ってくるのが子どもです。倫理観や正義感は、もともと子どもたちが持っている特性でしょう。

大人の社会で「約束を守らない」ということは、相手の存在を軽視していることです。「メシが食える大人」という観点からすると、決定的にダメでしょう。なんといっても、約束を守らない人には腹が立つからです。

典型的な例は、「はい！」「はい！」、と返事だけはいいのに、何度言っても忘れるし、遅れるし、約束を破るし……というパターンです。こういう人は、どんな職場にもいるでしょうが、次第に居場所をなくしていきます。

「とりあえず、返事をすればいい」

「ミスをしたらとりあえず、謝っておけ」

という人生なのでしょう。

「なんとかちゃんと守らないと」という意思が感じられません。おそらく、ガミガミ言われることに対して聞き流す癖が身についているのでしょう。「この時間さえ過ぎれば、許してくれる」と思って、ちっとも心から反省していないのです。

出来の悪い兵隊には、あるべき行動をひたすら復唱させる訓練をするということを聞いたことがありますが……お母さんたちにお願いしたいのは、ガミガミ叱りをしないことです。

ガミガミ叱ったところで、子どもはまったく反省に至りません。「時間が過ぎれば、お母さんは許してくれる」と子どもは思っています。

では、どうすればよいのか？　お勧めは、次のどちらかの方法です。

①復唱。「お母さんは今、何て言った?」と繰り返し言わせる。↓言語化することで、次のステップにいけます。

②できたときだけ認める（可視化して、よい行動を強化する）。

できたことだけを認める例を一つ挙げましょう。

たとえば、花まる学習会にも、先生と約束した宿題を期日までにやってこれない子もいます。小学三年生のSちゃんもそんな子の一人でした。毎週のようにお母さんから、「言っても宿題をやりませんでした」と連絡があって、ついにお父さんも、宿題をやらないSちゃんのことを、「だらしないやつ。宿題をやらないなら辞めろ！」と怒り出してしまう始末でした。授業後、毎週居残りをしても、先生から一対一で話をしても、効果はありませんでした。

そんなときこそ、奥の手の「カレンダー大作戦」発動です。

「カレンダー大作戦」

【手順】

1　子どもの好きな色のペーパーにスケジュール表をコピーする。

2　子どもと一緒に宿題をはじめる時間と終える時間を決め、大きく書く。

【進め方と注意点】

・時間通りにできたら、カレンダーに花まるをつける。

・できなかった日は何もつけない。何も言わない。

・できた日にだけ「ママ、時間を守ってくれて嬉しいな」とひと言だけ声をかける。

プラスの言葉かけしかしないということを一週間続けると……。「あんなに言ってもやらなかったのに、一週間宿題を毎日やりました！」と嬉しい報告がありました。その後のSちゃんは、嘘のように宿題ができるようになり、勉強へのやる気も出て、学力もアップ。お母さんお父さんからは、感謝感激の言葉をいただきました。

実は、できる子の特徴に、ほめられたくて、先手を打って動けることがあります。兄弟間でも、母からガミガミ言われ続けている姉を見て、「ああなっちゃいけない」

と先手を打って行動。お母さんにほめられてそれが習慣化する弟、なんていうのは典型的な例です。

逆に、言われたのにできないを繰り返している家庭では、子も親も、なかなかそのスパイラルから抜け出せません。だからこそ、カレンダーで、よい行動を可視化して、できたときだけ認めるというプラスの声かけは、その子にとって大きな自信となります。

幼児期は「型を覚え」「約束を守ることを身につける」時期です。低学年までは、親が日々の行動や言葉で「何を善《よ》しとするか」を繰り返し伝えることが大切です。

⑦身だしなみは相手のためと教えてあげる

よく「人間、中身だぞ」といいますが、外見が不快感をもたらすようでは、やはりNGです。いくら若くても、爪が汚かったり、襟が汚れていたり、フケが出ていては、まず嫌われます。

できて当たり前のことのようですが、高学歴でもできていない人を、何人も見てきました。勉強という一本軸で育ってきたからでしょうし、友達同士の関係で指摘し合わなかったからでしょうし、思春期にちょっとカッコつけ合う時期が足りなかったからでしょう。ここは、大人になってからでは、何度言っても伝わらないことが多いようです。言ったところで、「僕、大丈夫です」と、スルーされてしまうのです。

もちろん、外見にこだわりすぎても無駄な労力になってしまいます。

しかし、大切なのは、**「あなたが大丈夫かではなくて、相手がどう思うか」**なのです。

よく言われることですが、「おしゃれ」と「身だしなみ」は違います。

おしゃれは、自分のため。身だしなみは、相手のためです。

そういう意味では、身だしなみの感覚は、家庭でクドクド言ってもよいところです。社会的な規範《きはん》だし、家庭の文化そのものだからです。

最低限、自分の外見のせいで、「相手がイヤな気持ちがする場合もある」という視点は身につけないといけません。ここは能力ではなく意識の持ち様で簡単に変えられる部分なので、お母さんがクドクド言っても、子どもはまったく傷つきません。

お母さんならではの視点で、伝えていってあげてください。

テレビゲームには本当に気をつけて

テレビゲームは、男の子の育て方のなかで落とし穴です。先程、昼夜逆転についてお話ししたので、テレビゲームについても、はっきり言います。

テレビゲームは、「人生の無駄」です。大人のパチンコと同じで、やっている本人は楽しいでしょうが、人生の無駄です。

私は、長期ひきこもり・家庭内暴力の青年たちで、社会に復帰できなかったケースをいくつも見てきました。本人こそがかわいそうなのだけれど、共通する大きな特徴は、「昼夜逆転」「テレビゲームにハマった時期があること」です。

今はネットやハンディタイプが同時にありますが、「生身の人間ではないものに相手をしてもらっている」というのが、長期ひきこもりの大きな原因です。

経済が活性化するという「メリット」はあるし、そのためか指摘する人も少ないようですが、私はあえて言います。「テレビゲームは子どもにやらすべきものではない」

のです（メーカーには、ぜひこの技術を電子教科書など教育にこそ活かしてもらいたいです）。

なぜかというと、今まで見た子たちで、社会に出て行けなかった青年たちの大半が、テレビゲームにハマった履歴があり、言わば死屍累々《ししるいるい》だからです。そして、特に男の子はゲームにハマりやすいものなのです。

幼児期の有限な時間のなかで、人間関係の機微《きび》を味わったり、もめごととその克服を経験したり、走り回ったりと、やるべきことはたくさんあるのに、ゲームに時間を取られてしまうと、何も積み上がりません。

彼らに共通するのは、他者への思いの欠落だったり、世の中を上から目線であっさり切って捨てたりする態度です。

「それ、興味ねぇし」

「別にやる気ないんで」

「だるいんすよ」……。

それを許す大人たちがいけないと思うのですが、ゲームはその引き金になってしまうのです。

実は、私も経験があります。小学五年生にもなってくると、家族旅行なんてちっとも楽しくないのです。海も食事も家族との会話も特段楽しくないけれど、ホテルのなかにゲームセンターがあることだけが楽しみでした。自己管理ができる青年期以降に行うならまだしも、幼児から小学生にかけては、おもしろすぎてしかたがないのがわかるからこそ、危ないし、禁止すべきだと思います。

また、「一日三〇分と約束してやらせましょう」などという迎合《げいごう》した意見を私はまったく信じません。ゲームは一日三〇分でも与えてしまうと、ハマってしまう子が出てきます。ハマってしまうと、もうそのことしか考えられず、必ずお母さんのいない時間や、友達の家でやりはじめるのです。中毒性があり、ゲームは麻薬のようにおもしろすぎて判断ができなくなるので、絶対に勧めません。

別の言い方をすれば、**他におもしろい何かが必ずあるはずなのに、それを提供できない周囲の環境が悪い**のです。少なくとも小学生時代は禁じてもらってOKでしょう。

「みんな持っているもん！」撃退法

ここまで読んで、「そうは言っても……」と思ったお母さんもいるでしょう。

「みんな持っている！」「ぼくだけ持っていない！」と言う、かわいいわが子。

どの子もゲームがほしいあまり、必ずこの言葉を使います。この言葉を言えば、お母さんが「そうね、あなただけ持っていないのはかわいそうだし……」と、最後は折れると知っているのです。

これは、よくある子どもの攻撃パターンのなかでもお母さんに極《きわ》めて効果的な手法です。というのも、親自身がすでにそうなのです。

たとえば、PTAで、「みんな、これ持っていますよ」と言われると、「自分も買わなきゃ」と思うのが女性のようです。まして、「わが子だけが仲間外れ」というイメージに何よりも弱いのです。「みんな持っているの？　そう？　じゃあ、しょうがないわね……」と納得してしまうのです。

こういうときの対処法は、こうです。

まず、学年かクラスの名簿を用意してください。自分の子どもに一人一人、本当に友達がゲームを持っているのか、確認していきます。

「井上君は？」「持っている」「木村君は？」「持っている」「田中君は？」「持っていない」「鈴木君は？」「持っていない」……。

「そんなのは『みんな』って言わないのよ！」

一喝《いっかつ》とともににらみつけてください。

ここは、ガツンと言っておくことが大切です。クラスのなかには、必ず持っていない子もいるのですから。

少なくともこれで、今後「みんな」とは言わなくなるでしょう。

また、あとでチェックして、持っていると言ったのに持っていない子がいれば、「嘘をつくんじゃない！」と思いっきり叱ってよいでしょう。嘘を言ったら恐い、というのを知らしめなければいけません。

基本的には、「みんな」という言葉で、なんとか親を籠絡《ろうらく》しようとしているだけなのです。子どもは、親の習性をすでに知っているのです。**悲しそうにしてみせれば買ってくれるお母さんにはそうするし、さわぎ立てれば買ってくれるお母さんにはそうしてみせる**のです。

「みんな」に負けない

お母さん自身も「みんな」に弱い

他の例も紹介しましょう。

この仕事をする前に勤めていた、とある塾でのことです。「夏期講習を取らないお母さんがいたら、どのように言えばいいか」という研修をしたことがあります。ロールプレイングが、はじまりました。若かった私は、お母さんを説得しようと、「復習」の効果を一生懸命に説明しました。

「『時間加重《かじゅう》』といって、何度もやるということは、記憶するうえでとても大切なことなんですよ！」と。

結果は……。

一蹴《いっしゅう》されました。理屈をいくら言ってもダメダメ。ひと言、「みんな取っていますよ」と言いなさい、と。

ひどい話ですが、お母さんは「みんな」という言葉にいかに弱いかという例です。

「お母さん」を知って何年もたつと、そこは本当によく納得できる部分です。

なにくそ根性がある子は強い

私の恩師はよく、「『なにくそ』と思える子を育てないといけない」と言っています。働くという意味では、この精神的な力があるかないかで、任された仕事をやり遂げられるかどうかが決まります。つらくても、そんな自分をコントロールできる力が必要なのです。「やってらんないよ」と言い続けて逃げても、何にもなりません。

試練や逆境などの「もめごと」経験がどれだけ子どもの「こやし」になるか、を私たち大人は考え直さなければなりません。**つらい経験があり、それを克服した経験こそが、子どもが社会に巣立ったときに必要**なのです。

学校や近所でも、トラブルは日常茶飯事であり、それに対処していくのが、生きていくということです。子どもには、いじめられないようにと教えるのではなく、いじめられてもはねのける精神力を身につけるよう、支えたいものです。

そのためには、たくさんの成功体験で自己像を大きくしておくことが重要です。それが、つらい状況に陥《おちい》っても、「でも、僕は、大丈夫！ がんばれる！」と思えるか否《いな》かに繫《つな》がります。

ほんのちょっとした克服体験がたくましくさせる

ある年のサマースクールで、こんなことがありました。

どちらかというと、ものおじ系の六年生の男の子が来たのです。どうにもいじけたところがあり、会って間もないにもかかわらず、「先生、どうせ塾って、がっぽり儲けているんでしょ」と言ってくるのです。

「ねたんだりする気持ちで、人を見ているかぎり、君は絶対幸せになれないよ」とか、「私が見た成功者は、世の中のために、自分が何をできるかをとことん追求した人だし、成功は結果としてついてくるものなんだ」と話しても、この子には通じません。どんなに言葉を尽くして言っても、ませた顔で「そうですか～」と言うだけ。

ところが、サマースクール中に、バク転をしながらの海への飛び込みを成功させてから、この子は変わりました。最初はなかなかできず、悔し涙も流していたのですが、根気よくリーダーが付き合って何度も何度も繰り返すうちに、ふとできるようになったのです。途端に彼は、充実感に満ちた表情に変わっていきました。

帰り道では「僕は二度と人をねたむようなことは言わない」「もう大丈夫！」と言うまでになりました。

子ども時代は素直です。できなかったことをできていく過程や、いじめを克服した経験値は、子どもを精神的に強くたくましくさせるものなのです。

なお、精神的なストレス耐性は、先程の「体力」や「早寝早起き」にも直結します。できる社員は、たとえば「風邪は昔からひかないようにしています」と、絶対に気を抜かないようにする心構えが身についています。「つらいから休む」とか「疲れたから休む」という観念が、もとからないのです。

私自身も、冬などは常に「のど」に気をつけて、「風邪をひかないコツ」を体で覚えています。一つは、上手に神経を休める時間は作りつつ、気を抜かないこと。気が抜けると免疫力が落ちるからです。

ほんのちょっとのことでたくましく！

「得意技」でいじめをはねのける

実は私も、小学五年生のときにいじめを経験しました。

私は幼少期から頭が大きいのがコンプレックスでした。小学校に上がる際に、どの子も赤白の体育帽子を買う時代でしたが、どこを探しても合うサイズがない。ついには、「あんたの頭に合う帽子は、熊本にはなかとよ」と言われる始末でした。

結局、頭には赤白帽がちょこんといつも乗っている状態。それでも四年生までは、やんちゃに元気に過ごしていました。

が、五年生のクラスで来たのです、「いじめ」が。

「でこっぱち」といじられた際に、ついやってしまったのです、「もじもじ」を。

ずっとコンプレックスだったので、「ついに言われたか！」と、気持ちが逃げてしまったのです。

その日から突然、学校は最も行きたくない場所になりました。

朝登校してクラスのドアを開けると、毎日、みんなが立ち上がって「でこっぱち」と、からかいの大合唱。ほのかな恋心を抱いていたR子ちゃんまで一緒に……。のんきに生きてきた自分ですが、このときはじめて、「なんで生きているんだろう」と考えました。帰り道の橋の上では、「このまま飛び込もうか」と何度も考えました。でも、「今、僕が死んだらお母さんが悲しむだろうなぁ」と、思いとどまる毎日でした。また、家に帰れば、母がいて姉弟がいるいつも通りの家庭があるので、家ではいじめのことは忘れていられました。

そして、学校では「毎日死ぬ思い」、家では「いつも通りほっとできる」を毎日繰り返しているなかで、人間はどんなことにでも強くなるのでしょう。「いじめ」にも慣れてきたのです。からかいの大合唱は変わらずでしたが、「今日Y君は、立ち上がるのが少し遅かったな」なんて、冷静に観察するようになっていました。

そして、一ヵ月くらい経ったある日、生徒会の副会長に立候補をすることになりました。「さぁ、これから演説」というときにひらめいたのです。

「私があの、頭のでっかい高濱です！」と横を向いて自己紹介をし、礼をした瞬間、頭がマイクにあたってボワワワーンと、反響が。

全校生徒大爆笑でした。そして、その日を境にいじめはピタッとなくなりました。「笑い」に持っていかれては、いじめる甲斐《かい》がないからです。

いじめ発生、そのときお母さんにできること

もちろん、教える立場になってからは、何度も「いじめ」の件でお母さんたちから相談されてきました。「いじめ」に対する私の結論を述べましょう。

①**親はいじめを事件化しない**（子どもの体に傷などがないかぎり）。学校の先生等に、気づいてすぐに電話するのは最悪です。

「あいつ、ちくりやがった」と、さらに陰湿ないじめに遭《あ》う場合が多いのです。陰湿ないじめに直結しなくても、冷やかに収束するだけで、もはや親友同士にはなれません。

②親ができることは、わが子を信じて、**いつも通りの家庭を維持する**ことだけ。子どもから言ってきたなら聞いてあげていいのですが、「あんた、いじめられている

んじゃないの」と詮索《せんさく》するのは最悪。子どものプライドは丸つぶれです。

私の母が、いじめに気づいていながらも、ふとした拍子に「お母さんは、あんたが元気ならよか」と言って、ただぎゅっと抱きしめてくれたことは今でも忘れられません。

③いじめの発端は、「もじもじ」した態度からはじまることが多い。いじめが続くようなら、「やめろよ!」と強い言葉で言い返す練習や、男の子なら、はがいじめを振り払うような動作や腕を振り回す動作を習得するのも有効です。**いじめをはねのける動作を体に染み込ませる**ということです。

ただし、これは、もまれるなかで、一五歳くらいまでに子ども自身が、自然と身につける部分でもあります。

私自身、その後中学一年生で、ふとしたきっかけで全員から無視される、という経験をしました。しかし、小学校の経験があったので、まったく動じませんでした。「くだらないな、やっていろよ」と思っていました。

そして、いじめは、毅然《きぜん》としていれば、続かないものです。いつの間にか仲間が増え、いじめはなくなりました。

④そもそも、自分に自信がある子には、いじめは来にくいものです。**小学校時代に「得意技を身につけさせてください」**と強調するのは、その意味です。詳しくは、あとでまた述べます。

どんな社会にも、そして大人になっても、いじめはあるものです。仲がよくなると、ちょっとからかってみたり、いじめたくなるのが人間の本性なのでしょう。

我々大人としては、いじめを「ないもの」として扱うのではなく、「ある」ことを前提として、はねのける人になれるように、どう対処するかを教えていきたいものです。

わが子を信じてあげましょう

「やったぁ！」の達成感が自信を生む

ひと言で言うと、幼少期に「遊び込んだか」と「がまんして乗り越えてきたか」の二つで達成感の経験値が上がると思います。自分の幼少期を思い返してみても、達成感の経験は、「遊び」に必ずいきつくし、「思春期の部活」にいきつきます。

まずは「遊び」についてお話ししましょう。

熱中して「遊び尽くす」ことは、幼児期にこそできる稀有《けう》な体験です。逆にいうと、没頭して熱中する経験は、幼児期では「遊び」以外には絶対ないでしょう。

お母さんとしては、子どもの好きだということを、ある程度見守ることが必要です。自分のペースでやり遂げることが大切だからです。

たとえば、積み木で「どの高さまで積もう？」と考えたなら、自分で何度も挑戦する時間が必要です。自分で決めるから、やり遂げようと思うものです。ここに、「遊びの原点」「情熱の原点」があります。

そして、こだわって最後までやり遂げる経験を何回もすると、スッキリ感を得られます。これが、達成感です。この感覚は、味わった人にしかわからないものです。

ごはんどきに、**「いつまでやっているの！」と怒られるくらい没頭するのがよい**のです。次から次へと、細切れの時間で習い事のスケジュールを入れていては難しいですね。

また、いくら熱中経験といっても、テレビゲームでは失うものが多いです。小学生になってからの「遊び」は、体を存分に動かし、五感を研ぎ澄まして、外で遊び続けるのが一番です。毎日毎日同じドロケイでも基地づくりでも、遊び続けることで、彼らは走る限界を伸ばしていたり、工夫できる限界を広げていたりするのです。

これは、言ってしまえば、知的な部分に直結する能力です。限界まで遊び続けた子どもは、思春期以降、限界まで集中して考え続けることができます。

たとえば、「アイデアが出るまで考え続ける」「絶対何か手立てはある」「無理って言うのはイヤだ」「疲れたって言うのはイヤだ、カッコ悪い」。

そんな思考を「遊び尽くす」経験は育《はぐく》んでくれます。もちろん、「遊び尽くす」ことで、達成感が生まれ、自信もつきます。

一方で、「がまんの経験」も、「達成感を得る経験」としては必要です。私は高校のときの部活で野球をしていましたが、そこで問われるのは、苦しいときにどれだけがんばれるかです。走り込んで、走り込んで、そのときは「もう限界だ」と思うのですが、一年後には、「あのときはまだ甘かったなぁ」と思うものなのです。

人生には、何度も苦しいときがやってきます。そのときにがまんしてそれを達成した経験が足りないと、人は折れやすくなってしまうものでしょう。

逆に、**「あのときがんばって乗り越えられたから、今苦しくても、きっとこの先にはまた新しい世界があるんだろう」と思えることが重要**です。

忍耐と達成感が得られる漢字練習

小学生時代の学習で、このがまんと達成感を得られる経験があります。それは、なんといっても「漢字学習」です。コツコツと積み上げていく「漢字」は、絶対にできるようにしておくべきものの一つです。何千人もの子どもを見てきた身としては、漢字は、人生の必要条件ともいえます。

もし私が、お金をかけずに家庭で子どもを伸ばすとしたら、漢字だけはやらせます。それは子どもが泣こうがわめこうがやってもいいのです。なぜなら、努力すれば必ずできる項目だからです。

算数の思考力問題などのように努力だけで乗り越えられないものは、強制すると嫌いになってしまいます。

しかし、子どももわかっているのです。漢字は努力すれば絶対にできることを。一〇回書いて覚えられなければ、二〇回書けばいいのです。二〇回書いて覚えられなければ、三〇回書けばいいのです。子どもによってかかる時間は異なりますが、やれば必ずできるのです。

そして、**いったんはじめたら、「今日は眠いから」「今日は〇〇があるから」という子どもの甘えを許してはいけません**。小学生も四年生、五年生になると、もう親の言うことは聞きません。その前に、低学年時代から「やるのが当たり前」の文化をいかに作るかが重要です。

実は、花まる学習会には「花まる漢字検定」という検定システムがあります。「小さい頃からお兄ちゃんも入れていればよかった」とは、会員のお母さんからよく聞く言葉です。下の子は「花まる漢字検定」があるから、それに向けてがんばることで鍛えられたけれど、お兄ちゃんは入会させていなかったから、漢字がボロボロで……。「今、中学校で英単語にも苦労しています」などと言います。

わが社の採用面接でも、「漢字」は試験に出します。「漢字はいまいちだけど、人柄はいいから採ろうよ」で戦力になった人はいません。

ある程度の漢字が書けるかどうかは、基礎の基礎レベルで、「忍耐経験を経たかどうか」「達成感を味わったことがあるかどうか」が如実《にょじつ》に表れるのです。

それは、仕事に直結する能力なのです。

漢字練習は「忍耐経験」

運動コンプレックスは甘くみない

幼少期における運動コンプレックスは、甘くみてはいけません。特に男の子が、このコンプレックスを持ってしまうのは危険です。ひきこもってしまった子たちで、「運動が苦手でした」というケースは確かに多かったからです。

運動が苦手な子でも、マラソン・水泳・武道での成功事例は多くあります。運動コンプレックスは、運動でこそ克服できるのです。

たとえば、水泳は、太った子でも関係ありませんし、何といっても「級システム」がいいのです。細かく級が上がるので、「五級に上がったよ」と、一つ一つをお母さんに報告できるのです。

子どもは、お母さんを喜ばせたいと思うものです。

「あら、よかったわね」と言われることで、「お母さんが、僕の運動のことで喜んでくれる」という得がたい成功体験を積み上げていくのです。

また、作法がはっきりある「武道」系はすべてよいでしょう。剣道・合気道・柔道などです。特に、察してもらいたがるタイプが多い、長男の悩みには効きます。奥ゆかしいのは日本の美学かもしれませんが、言いたいことを「もじもじ」して言わないのは誰しも好きではありません。**武道系のものは、声を出すことで、はっきり発言できるようになるので、目を見て言いたいことを言う能力を養うのに最適**です。

涙が滝のようにあふれて止まらなかった、あるお母さん

マラソンの成功例を一つ紹介しましょう。T君という、兄に比べて勉強はできないし、体も小さいコンプレックスの塊のような男の子がいました。口癖は、「いいもん」「どうせ僕は……」「やだ、できない」。

私が自分の塾の会員向けのたよりで書いた「運動コンプレックスは甘くみないで」という一文を見て、お父さんとお母さんで話し合ったそうです。この子を今、なんとかしてあげなければ、と。

そして、父子でマラソンをはじめたそうです。最初はイヤイヤやっていたT君も、

お父さんが引っぱってくれるので、なんとか続けられたのでしょう。半年後に「マラソン大会を見に来て」とT君がお母さんに言ったそうです。

お母さんは驚きましたが、まぁがんばっているのだから見に行こうと、あまり期待せずに行ったそうです。

そうしたら当日……。思いもかけず、わが子が二位でゴールに入ってきたのです。しかも、デットヒートを繰り広げて——追われて抜かれて、またがんばって抜いて……。わが子の見違えるようにがんばる姿に、お母さんは、涙が滝のようにあふれて止まらなかったそうです。

そして、お父さんに「あなたのおかげよ！　ありがとう！」とすぐに電話をしたとのこと。

わが子の現状を「まずいな」と思っていても、なかなか「夫婦の話し合い」一つができないものですが、このご両親の決断の早さと、実行力には頭が下がる思いです。

運動コンプレックスをなくすために
一緒にがんばってあげましょう

「これだけは負けない」ものをたった一つ

ここは、親としてとても大切なポイントです。子育てのなかで、わが子に「これだけは負けない」と思えるものを、たった一つでもいいので身につけさせてあげること。それが、子どもが自分の人生を活き活きと生きていく土台になります。

幼稚園・保育園時代の卒業までの目標は、「人の話を聞けること」に尽きます。これさえ小学校に上がる前にできていれば、義務教育レベルの学力で困ることはないでしょう。小学校の勉強は、先生の話をしっかり聞いてさえいれば、必ずできるものだからです。

一方、**小学校での目標は、「得意技を持って卒業すること」**というのが私の結論です。中学高校で得意技が変わってもよいのです。それは、簡単なことでいいのです。跳び箱だけは負けない、鉄棒だけはすごい、虫博士、星博士、鉱石博士、電車博士、折り紙一番、絵といえば僕、足が速い、水泳が速い……。

得意技を持って卒業する！

クラスのなかで一番というので構いません。足場があることが重要です。子ども同士の関係で、「おまえ、すごいな」と称賛される瞬間があることこそが重要なのです。もちろん、バイオリンやハーモニカ、他の子がやらない楽器を演奏するのもよいです。

ある中学生の教え子が高校入試の際に言った言葉は、今でも忘れられません。本番二週間前の模擬テストで、得意な数学なのにボロボロと簡単なミスを連発するT君。思わず、「おまえ、どうした、大丈夫か」と声をかけたのですが、返ってきた言葉は「大丈夫です、僕、本番に向けた集中力の高め方をわかっていますから。今はあえて落としてるんです」というひと言。

彼は、小学校時代に、ピアノで全国準優勝をした子です。一つのことに打ち込んで、結果を出すことができた子は強いものです。彼は言葉通り、二週間後の入試までには見事に集中力を高めて、私立高校最難関といわれる開成高校に合格しました。

「できない理由」を言いはじめたら厳しく叱ってもいい

たいていの物事は、集中して長い期間取り組めば、必ずできるようになるものです。できない子は、途中からダメな理由を取り揃《そろ》えてしまうのですが、私に言わせれば、そここそがダメなのです。「できない」「苦手」は心の壁です。

親のほうも、わが子が何かできなかった際に、「やっぱり私の子だしね」と言いがちですが、それは違います。子どもが「できない理由」を言いはじめたら、要注意です。そこは厳しく叱ってもいいところでしょう。

幼少期にできることとしては、子どもが興味を持ったことは、否定しないことです。お母さんの目から見たら汚い石ころでも、ドロまみれの木の枝でも、それは将来の博士を育てる宝物の種かもしれないのですから。

不必要な買い与えは断固としてNOを！

ルソーの『エミール』に、「子どもを不幸にするいちばん確実な方法はなにか、それをあなたがたは知っているだろうか。それはいつでもなんでも手に入れられるようにしてやることだ」（今野一雄訳／岩波文庫）という一節があります。そして「ほしいといえばなんでも手にはいる子ども」の末路についても語っています。

これはまさしくその通りで、不必要な買い与えは、子どもにとって悪影響しか及ぼしません。親にかぎった話ではなく、祖父母も同罪になるケースもあります。コンビニやスーパーに寄って、ついつい目についたものを買うような習慣をお母さんお父さん自身が持っていないでしょうか。

子どもに対する不必要な買い与えの裏には、「親の一貫した基準」がありません。「ダメなものはダメと言いきれる」こと。

そして、**「ぶれない」ことが、子どもの健《すこ》やかな成長にとって不可欠**なのです。子どもは大体は、必要性だけで生きていますが、ものを買うことだけには、「不必要」が入り込みやすいのでしょう。

典型的なのは、「お年玉の運用」と「お小遣いをいくら与えるか」です。

私は、小学生のうちは、お小遣いはいらないと思っています。「必要があったら言いなさい」で十分です。

また、**一番罪が重いのは、「じゃあ、今日だけよ」と泣き叫ぶわが子に根負けしてしまうこと**です。つい一回のわがままを許してしまうだけで、子どもは「自分がわがままを通せば、みんなが従ってくれる」と学んでしまいます。社会に出てからは通用しない万能感をいつまでも持っていてはいけません。

この不必要な買い与えから、家庭内暴力に繋《つな》がる例も見てきました。その子は「本当はたいしてほしくないんだけど、強く言うと買ってくれるから」と言いながら、親への暴力をふるっていました。このまま青年期に入ってひきこもると、もう取り返しがつきません。

それは子どものためになりますか

逆にいい例を紹介しましょう。

あるとき、五年生の男の子が言っていました。この子は、一年生から毎年、二コースずつサマースクールに来ている子です。参加するにはそれなりの金額もかかりますので、「毎年二コースも来ているなんてすごいね」と言うと、「お母さんはケチだけど、『花まるのサマースクールは本物だから、お金をかけていいのよ』って言っているんだ」と。

そして、「お年玉をためて、来年は沖縄のサマースクールに行っていい」と言われているとも。「だから、お金をためているんだ」と言われたときには、恐縮するような嬉しい気持ちとともに、その親御さんの基準のぶれのなさに感銘を受けました。

不必要な買い与えではなく、「あなたのためにいいと思ったもの」にはお金をかけるという「親の方針のぶれのなさ」こそが、子どもの健《すこ》やかな成長に繋《つな》がるのでしょう。

泣き叫ぶ子どもに根負けしない

「早く大人になりたい！」気持ちを育む

子ども時代に、「仕事のことをどう伝えるか」という項目も非常に重要です。仕事のやりがいのような根本的な部分を伝える、ということです。

いろいろな仕事を擬似《ぎじ》体験するアミューズメントパークのようなものも、「まぁ、こんな感じの仕事があるんだな」と感じさせるには意味があるでしょう。

しかし、伝えるべき一番大事なことは、**「仕事って、厳しいんだな」**。**でも、「仕事って、やりがいがあるんだな」というニつ**を感じ取ってもらうことです。

まずは、お父さんやお母さんが日々の生活のなかで、「仕事には、つらくて苦しいときもあるんだけど、四の五の言わずにやらなければならないし、やりがいや達成感が必ずある」という姿を見せたり、語ったりすることが必要です。

仕事の「厳しさ」を伝えることは大事です。世の中には、騙《だま》し打ちを仕掛けてくる人も、貶《おとし》めてやろうと思って近づいてくる人もいるのが当たり前だからです。

たとえば、私が『小3までに育てたい算数脳』（健康ジャーナル社）という処女作を刊行してから、「算数脳」という言葉が流行《はや》りました。早速大手の会社が「○○算数脳」という題名のドリルを出版しました。

そういう熾烈《しれつ》な競争も当たり前なのが世の中です。この「世の中の甘くなさ」をどう伝えるか、が大切です。ここは、これまでの教育に欠落している部分かもしれません。

ぺこぺこ頭を下げている姿を見せてもいい

知人の甥で、テレビやネットにはまり、いわゆる「ひきこもり」になった青年がいます。

「君は何をやりたいの？」と聞いてみると、「軍師」だと。

「会社の参謀役が一番得意」「俺の言うことを聞けば倍儲かるのに」「これだけ優秀な俺に聞きに来ない世の中がおかしい」……。

聞けば聞くほど「気の毒きわまりない」状態。誰が、この子をここまで増長させてしまったのでしょう。額に汗して働いた基礎経験がないかぎり、その上には何も積み上がらないのに、自分だけは偉いと思い込んで、上からしかものが言えなくなってしまっています。

こういう子には、中学生ぐらいまでに、自分の父親の働く場を見せることが何よりも効きます。

お父さんとしては、カッコいい部分も見せたいでしょうが、逆に会社の上司や取引先にぺこぺこ頭を下げている場を早い段階で見せることも意味があります。

「仕事って、甘くないんだなぁ」「それでも仕事をしないと、家族を養って生きていけないんだなぁ」と身をもって現実をわからせるのです。

家庭内暴力で暴れていた少年が、父親の大工の仕事を見せただけで、ぴたりとおさまった例もかつてありました。

またたとえば、不登校の高校生に対しては、ひきこもりが長くなる前にアルバイトをさせて、「働く経験」をさせてあげることも有効です。コンビニや飲食店など、誰かに「ありがとう」と言われるものがいいでしょう。人は「誰かの役に立ちたい生き物」だからです。

そこでの失敗経験も含めた充足感や達成感は、何にも代えがたいものです。少しずつ育《はぐく》まれた自信が、また社会に出る勇気を与えてくれます。

楽しんでいる大人の姿を見せてあげる

そして次に重要なのが、「人生を肯定的に生きている人」「一流の人」「人生を満喫している人」に会わせてあげることです。世の中には、探せば魅力的な人がたくさんいます。スポーツ選手もいいでしょう。手紙を書けば、子どもなら意外と簡単に会ってくれたりします。「学生」という肩書がついている間の特権なのです。

たとえば、「ＡＢＣ」という熊本高校出身者の学生サークルがあります。学生の彼らがお願いすれば、帝国ホテルの社長だろうが、リコーの会長だろうが来てくれました。「後輩の学生」と聞くだけで、何かをしてあげたいと思うのが人間なのです。

どんな公立の小学校でもひと旗《はた》あげた人はいるでしょう。

子どもは、大人に憧れを持ちたい生き物です。背伸びしたい生き物です。世の中を前向きにとらえたいのです。

そのためには、「楽しくやっているんだなぁ」という雰囲気を醸し出している大人に会わせるのが一番です。

テレビ「カンブリア宮殿」での対談の際に村上龍氏が言っていたように、「早く大人になりたい！」と、子どもが憧れる人にどんどん会わせてあげたいものですね。

子どもが憧れる人にどんどん会わせてあげましょう

column

お母さんの叱り方必勝法

毎回どの講演会でも、どの著書でも言っていることがあります。

それは、「叱り方」。子育てにおける、お母さんの不得意項目の筆頭が、この「叱り方」です。

相手が男の子となると、お母さんはついつい、キーッとなって、

「何回同じことを言わせるの！」

「だから言ったじゃない！」

とキンキン声で叱ってしまうようです。

ここまで読んできてくれた方は、男の子の特性についてかなりのところまでわかってもらえたことと思いますから、何度も落ち着いて諭《さと》せばよいことを理解していただけたでしょう。

しかし、それでも、「本当にいけないことをしたとき」など、「ここぞ」という、子

どもを叱るべき場面はいくつもあるはずです。

そこで、「お母さんの叱り方必勝法」を教えましょう。

子どもの叱り方の原則は、次の三つです。

①厳しく
②短く
③あとを引かず

キーキーと長い時間叱っていても、子どもは聞いちゃいません。幼児の集中できる時間は、三分程度だからです。

ただし、男性は「こらっ!」と大きな声を出せば迫力も出ますが、女性だと勢いよく叱ろうとすると、声が裏返って、ニワトリの首を絞めたようになってしまうことがあります。

そういう場合は、私の師匠が教えてくれた女性特有の叱り方を試してください。

④一対一で
⑤声を低めて
⑥丁寧《ていねい》な言葉でゆっくり
⑦真顔で（能面で）

「一対一で」というのは大切で、たとえばハグが大事だからといって、抱きしめている横から妹や弟がよじ登ってきては台なしのように、叱っている横から誰かが口をはさんできては、効果がないのです。

「声を低めて」というのは、六番目ともリンクしていますが、いつものお母さんとは違った雰囲気を演出するのです。「もう、あんたは!!」とキンキン言っているのがいつもだとすれば、「けんた君、こちらにいらっしゃい」と子どものフルネームを「低い声で」「丁寧にゆっくり」呼び、有無を言わさず別室に連れて行くのがいいでしょう。役者になりきってください。

そしてポイントは、七番目の「真顔で」です。子どもも小学二、三年生になれば、怒られる雰囲気を悟って、必死に笑わせようとしたり、「あっ、妹が泣いている！」

などと言って、お母さんの気持ちをそらせようとするものです。

でも、そんなことに負けてはいけません。

そもそも、「叱る」というのは、「本当にその子の将来を思うと見過ごせない」と思う行為や心持ちを、真剣に指摘することです。一時の自分の怒りの感情に任せて、行うことではありません。

また、「あのときもあなたは○○だったじゃない」と、過去のことを持ち出して怒るのも反則です。叱る事柄は、ついさっきの「あなたの、あの行為」にかぎるのが、今しか生きられない幼児のためだからです。

いつも僕を一番に愛してくれているお母さんが、「もうあなたを愛せないかもしれない……」という雰囲気を漂わせて「能面で」叱るのは、子ども心に、本当に怖いものです。クマみたいに大きく育った高校生男子でさえ、母の「能面の」叱りには、「ぞくっとする」と言います。

そして、**「叱る」とは、そのようにビビらせるほど怖いものでないと、効果はありません。**

ただし、お母さんの特性の一つとして、「むかっ」ときたときについキンキン声で叱るのは、よくあることです。

「またやっちゃった」と夜中にひとり落ち込む必要はありません。

「そんなこともあるわ、今度は気をつけよう」、少し大らかに自分自身を許すのが、子どもにも大らかに向き合う秘訣《ひけつ》なのです。

第3章

魅力

まわりから好かれて
お母さんも大事にする
男に育てる

第2章では、「自立」の条件をお話ししました。「自立」していれば、最低限、仕事はあるので生きていけるでしょう。

しかし、「メシが食える」だけではなく、わが子には、素敵な異性と出会い、結婚して、幸せな家庭を築いてほしいと思う人は多いでしょう。また、「あなたと仕事がしたい」と、人に必要とされて生きてほしいと、親なら誰しも願うことでしょう。

そのためのキーワードが、「魅力」です。魅力的であることは、「自立」の次のステップとして重要なのです。

ただし、「魅力」というのは、たしか谷崎潤一郎であったと記憶しているのですが、「魅力は横向きである」と書いているように、「こうやって見せよう」と意識するものでは魅力とは言えないようです。まわりが決めるものだから難しいという特徴があります。

この章では、これだけはお伝えできるのではないか……というものについて、具体例を挙げながら、述べていきます。

なお、この章のタイトルにある「まわりから好かれる＝かわいがられる」には、「この人と仕事がしたい」と思ってもらったり、「あいつ、いいじゃん。俺の部に回してよ」などと、自分より年長で責任ある人から認められて引っ張られる、引き立てられるという意味を込めています。

実社会に出てからは、ここで少しずつポジションを得て、仕事が成立していくのですが、往々にして若者はそれに気がつかないのです。親切心で教えても、「いや、俺は特別好かれなくてもいいんで」となってしまいがちです。

しかし、**人と人との繋《つな》がりで人は生きていて、なおかつ社会が構成されている以上、「年上の人が引き立てて認めてくれて」の繰り返しで、人は成長していく**のです。人の何倍もの仕事をして、ようやく認められて、さらに「魅力」があるからこそ、次のステップに上がれるのです。

では、さっそく、どんな魅力があれば好かれる男になれるのか。そして、お母さんも大事にするような思いやりのある男になれるのか、お話ししていきます。

「僕のこと、大好きだもんね」が自信になる

ひと口に魅力といってもたくさんの項目がありますが、まず、魅力論のベースにくるのは、「愛されて育った人」に共通する、伸びやかなオーラです。

「お母さんは僕のこと、大好きだもんね」という、愛されてきた自信は、絶対の自己肯定感を育んでくれます。この自信は、人生を生き抜くうえで、そして人と対峙《たいじ》していくうえで、どんなに助けになってくれるでしょう。

逆に、ここが崩れていると、本当にちょっとしたことでやる気を失ったり、自信を失いがちです。

また、「三日月の愛（満月のように満ちていない）」は、危険です。

「ママは僕を愛してくれてないわけではないけど、弟のほうがかわいいんだよね」

「時々ほめられるけど、みんなのほうがきっとすごいんだ」

「いつも普通な俺って、特にすごいことがないし」

という状態では、穴があいた状態というのでしょうか、自己肯定感に欠け、自信を持ちにくいようです。

お母さんが比較して評価したらいじけてしまう

お母さん向けの講演会でいつも言うのは、今の時代、「ひとりっ子ほど安心なものはない」ということ。その意味は「母の愛が満月だから」です。ひとりっ子にとっては、母に愛されていることは自明のことです。**「愛されていない」状態なんて想像もつかないのが、ひとりっ子の強み**です。

一方、現代の核家族のなかでの兄弟姉妹は、たとえば、お兄ちゃんは○だけど弟は×、お姉ちゃんは×だけど弟は○というように、どちらかに偏《かたよ》って愛情がいきがちです。それを指摘してくれる祖父母や近所の人も、閉じた家族カプセルのなかには入ってこられないので、「親の愛をめぐる兄弟間の負け組」は、「一生、自信を持てないまま」という場合もあります。

他の著書で詳しく述べたのでここでは割愛しますが、親の態度として幼少期に大切なのは「比較して評価しない」ことが第一でしょう。

そして、**「その子その子の成長を、認めてあげること」**です。

ほめるのが苦手なお母さんは、おおげさにほめる必要はありません。ちょっとした微笑《ほほえ》みやうなずきでも、子どもは認められたこと、愛されていることを敏感に感じ取ります。その子なりの成長を認めるには、その子をよく観察すること、母の心の余裕が必要なのは、言うまでもありません。

NG
隣のAちゃんは
もう字が書けるん
だって
比較して
評価する

OK!
前より
ステキ！
その子の成長を
認めてあげる

他人とぶつかり合えた回数で幅の広さが決まる

社会人として、自信がある人、きっぱり自分の意見が言える人は、人をひきつけます。このベースにあるのが、「ママが愛してくれている」という先程の自己肯定感です。そのうえで、言いきりのもとにあるのは、小さな成功体験の積み重ね、また、たまにでもいいので自分なりの大きな成功体験です。

ここは、親ができることというより、**愛され感をベースに、子ども時代に外での経験値をたくさん積むことが重要**です。

先日中学の同級生Hに会いました。今は、ある生命保険会社の大手町支店長として活躍しています。Hとは、中学一年生の一年間だけ、熊本で机を並べた仲です。Hは中二のときに、沖縄の日本への復帰とともに、沖縄に引っ越していきました。

復帰直後の那覇の学校は、それはそれは荒れていて、教室でも前三列はちゃんとやっているけれど、後ろは煙草を吸っているような時代だったそうです。Hはそこの番長とやり合って、やっつけちゃったものだから、さぁ大変。仕返しに二〇人ぐらいに囲まれてボカスカやられたそうですが、そのあとの先生の言い草は「だめよ、あの子たちに逆らっちゃ」というものだったそうです。

中学三年生で引っ越した埼玉でも、何十人にも囲まれて、大立ち回りをすることがあったそうです。

何を言いたかったかと言うと、大人になってからのHからは、「こいつは経験豊富だし、バランス感覚が優れているし、すごい奴だなぁ」というオーラが漂っていたことです。彼には小学校時代から、百メートル走が速い、という得意技が一つあったのですが、何よりもその後の人生経験によるものでしょう、とにかく、人間慣れしているのです。

ケンカを回避・除菌しすぎない

男の子には、何回ガツガツと他人とぶつかり合えたかで、次の「人としての幅の広さ」が決まってくるところがあります。目の前のケンカを回避・除菌したくなるのが、お母さんとしての女性ならではの気持ちでしょうが、年頃のときに、それを避けすぎても健全ではありません。男の子は、本能としてオス同士で張り合うものなので、**お母さんには「あとあとこの子は魅力的になるぞ〜」という大らかな視点が、ある意味必要**でしょう。

「俺、どこに行っても友達は多いし」という仲良くした経験値もたっぷりあり、もまれ経験とそれを克服した経験も豊富にあることが、その人の力量や魅力を作り上げるのです。

ケンカもあるけれど、でも「みんなと一緒にいたほうが楽しい」という経験。

ちょっと厳しい課題だったけれど、「自分で乗り越えたもんね」という体験。

つらかったし悲しかったけど、「今はもう大丈夫」という経験。

そのような、「僕は社会と渡り合える」と思わせてくれる一つ一つの経験が、幅の広い、分厚い自信を作り上げていくのです。

NG
ケンカを回避しすぎる
除菌
OK!
いい男になるゾォ
信じて見守る

人を巻き込む情熱でまわりから応援される子に

情熱とは、何かに一生懸命で、熱中していて、ひたすらがんばっている状態です。これは老若男女問わず、人から好かれる魅力でしょう。

たとえば、高校野球の映像がテレビで流れると、ただのお兄ちゃんでどこの誰ともわからないのに、心を打たれるものがあります。野球でも何でも、何かに一生懸命打ち込んでいる姿に人は引っぱられるのです。

情熱というと、私はK君という青年を思い出します。サマースクールのアルバイトに最初は来たのですが、夕方、なぜか彼のまわりだけ光って見えるのです。実際、夜のミーティングの際に、「なんで、そんなに目が光っているの?」と他のアルバイトにも言われるような光り輝く青年でした。

そしてその後、「将来、政治の道でがんばりたいけれど、三年間だけここで鍛えてくださいと入社してきました。言葉通り、彼はなんでもがむしゃらにがんばるし、三年間いて本当に皆にかわいがられました。

保護者も子どももK君が大好きでしたし、お母さんたちも、退社して何年たっても「K先生はよかったよねぇ」と話します。

目標を高く持っているからこそでしょう、どんなに大変でも、絶対愚痴《ぐち》も言いません。「二つ机があったら、重たいほうを運ぶ」「トイレ掃除のような人がいやがる仕事を率先してやる」という特性も持っています。仕事の面でも成果を挙げて、花まる学習会が、高濱個人商店から会社組織へと発展する一助となってくれました。

彼の家庭環境をひも解くと、お父さんは大学で剣道を教えている先生であったとのこと。大学生の居候《いそうろう》を自宅にたくさん受け入れており、熱い体育会系の先輩たちにもまれて育ってきたのです。先輩の言うことは絶対だし、小さいことにはガタガタ言わない、という姿勢も染みついています。超大家族で育っているので、やっぱり人慣れしています。

そして何よりの美点は、情熱的であることです。本当にその人のために「なんとかしよう」と一生懸命になれるし、いったん仲間になったかぎりは絶対に最後まで面倒を見るという気概《きがい》があるのです。

あるときなど、連絡などのモレが多い同僚に向かって、「なんとかしようよ！　このままでいいわけないだろ！」とK君自身が泣きながら説得していました。

このような「情熱」は、人と熱くぶつかり合うことに加えて、自分なりに目標設定し、とことんやりきることでも生まれるのでしょう。

「やんちゃしながら、どちらかというと、『放任』の環境で育ってきて、やりたいことをやらせてもらえたから、それがよかった」と彼は言います。

最近では、次はサッカー、次はピアノ、次は勉強、次は読書というように、分刻みのスケジュールを小さい頃からこなす子が多いですが、**せめて長期の休みには、何かをとことんやりきる経験をさせてあげたい**ものです。

毎日びっしり
習いごと
NG
ピッ
ピッ
スケジュール

OK!
とことん
やりきる経験

事件化しないから簡単にめげない

逆境、失敗、敗北、がんばったけれどうまくいかないとき。人生には、何度もそういう場面が訪れます。そういう場面での、自分のイヤァな気持ちをプラスへコントロールするためには、経験値が必要でしょう。

事あるごとにいちいち、めげたりしょげていては、生きていけません。また、回避癖だったり、逃げ癖だったり、負け癖だったりが身についてしまって、「もういいよ」と何事もあきらめて投げてしまう人は魅力的ではありません。

小さい頃は、みんなと違うことで何かしら、コンプレックスを持ちます。私の場合は「頭」でしたが、友人のM氏は「目」でした。

M氏は、先天性の弱視で、右目は網膜剥離《もうまくはくり》の状態で子ども時代を過ごしました。目に関しては、五歳で言い渡されたそうです。

「一生治らない」

「手術しても無理」

近視・遠視・乱視がいっぺんにあって、メガネもどれか一つに合わせるしかない状態でした。

牛乳瓶のふたのようなメガネをいつもしていて、小学校時代には「メガネザル」と言われていじめられたこともあったそうです。でも、外見上は見えていないのはわからないので、適当にみんなの話に合わせたりしていたため、友達からは「Mは、ちょっと目が悪いんだな」という程度の認識のされ方だったようです。

彼は、群馬の山奥で育ったのですが、遠いものはほとんど見えていないのにもかかわらず、外遊びを毎日して、通学でも石の上を飛んで川を渡っていました。目はよくないけれど、生きる必然のなかで、五感は研ぎ澄まされていったのでしょう。もちろん、俊敏《しゅんびん》さや遠近感を問われる行動は苦手だったけれど、「友達は常にいた」のです。

三人兄弟の末っ子で、お兄さんやお姉さんは保育園に行ったけれども、実はM氏だけ、保育園にも幼稚園にも行かずに、教育テレビと田舎のおばちゃん同士の茶飲み話を聞いて育ったのです。おそらく、M氏のお母さんなりに思うところがあったのでしょう。母の愛情をたっぷり受けて、幼児期は根本的な悩みは感じずに育つことができたそうです。

彼の大きな特徴は、めげるどころか、いつも「攻め」の状態でいることです。小学校でいじめられたときも、中学校で柔道部の奴らにからかわれていたときも、「世の中にはそんな奴もいるよね」と動じなかったというのです。いろいろとハンデもあるし、いじめる奴もいる。「でも、そういうものだと思っていた」と言います。


思春期に入り、モテる友達はバイクに乗っています。彼は当然、バイクには乗れません。普通はそういう状態では、すねたり、いじけたりすることもあるでしょう。

しかし、彼のなかには、そういうものがないのです。

むしろ、「いつでも僕なりの方法で女性を口説ける」と自信があるのです。確かに、彼は聞き上手です。相手の立場に立って話すのが非常に得意なのです。おそらく、しっかり話を聞くことで、女性の心をつかむ自信があるのでしょう。

もちろん今も、よい仕事をしてまわりを幸せにしているし、最高の伴侶《はんりょ》をめとっているし、すべてにおいて、マイナスの感覚が微塵《みじん》も感じられません。

簡単にめげない秘訣《ひけつ》は、物事を「事件化しないこと」だと思います。新聞や雑誌では、毎日「事件」が紙面を飾っていますが、「事件」は「大変だぁ！」と、誰かが「事件」として取り上げるから「事件」として認識されるのです。

M氏は、「目はもう見えるようにならない」と宣告されたときも、「ショックだったけれども、そんなものか、とすーっと受け止めて、生きてきた」と言います。

いちいちめげている暇はないと思わせる

人には、それぞれいろんなハンデやコンプレックスがあります。体・運動神経・貧しさ・名前・出自・父母の仕事・障害……。

こういう、自分ではどうしようもないハンデというものは、ゆがみ・ねたみ・うらみ・つらみ・愚痴《ぐち》に向かいそうなのですが、親からの愛情たっぷりのなかで、「事件化しない母」に支えられて今のM氏があるのでしょう。

目のお医者さんに行くときも、お母さんが、「お兄ちゃんのついでに、あなたも診てもらいなさい」と子どもも心に負担にならないような誘いかけをしてくれたそうです。

これは、ある種「めげない」ことの理想形だと思います。一つ一つの出来事にいちいち拘泥《こうでい》しないような形で、親が子どもに状況を提示してあげるのです。子どもが、めげてしまう裏には、かわいいわが子だからこそ「事件化して、親こそがしょげている」という背景があるのかもしれません。

彼の場合は、一つ一つに拘泥しない幼少期を送ることで、思春期以降への免疫ができ、大人になってからも、怒鳴り散らす上司がいようが、理不尽なクレームがこようが、「世の中、そういうものだよね」と心から思うことができるのです。

見渡してみても、強くてめげない人の基礎には、「いちいち事件化しない姿勢」「いろいろなことがあるけど、乗り越えてきた」という人生への根本姿勢が必ずあるのです。

また、もう一つ付け加えると、**大人になってからの「めげない」姿勢には、思春期以降の「深い感動」という要素もある**と思っています。

たとえば、I君という友人がいます。

彼は医者なのですが、「ただの医者という人生には安住したくない」とでも言うように山小屋で医者をやったり、哲学や知的な世界への広がりを持ちながら、ストイックに生きています。

彼の根底には、ジョン・レノンの音楽への感動があります。まさに私と一緒です。思春期以降に深い感動を受けて、どんな人を目指すかを考え抜くことが大切なのです。すごく高いものを見ているから、自分の人生をつまらないものにしたくない、という思いを、私自身もいつも抱いています。高みを目指していると、美意識として、一つ一つの事柄でめげている暇はない、と思うものです。

愚痴は言いたくないし、人をねたみたくありません。他と比べて、なんで俺だけが……という思考が生まれる余地はありません。そんな小さなことで悩む自分でいたくないし、誇りや矜持《きょうじ》にかけて、そんな自分が許せないからです。

NG

物事を事件化する

OK!

物事を事件化しない

素直な気持ちが成長の種に

人からの指摘に対して、「そうかな、その通りかもなぁ」と思って、素直に忠告を受け入れられる人は確実に伸びます。**子どもたちを指導していても、素直さがある子は伸びますが、何かと言い訳をしてやらない子は伸びません。**

人からの指摘というのは、基本的には苦《にが》いものです。

でもそれを受け止めて、自分を変えられるかどうかが重要なのです。社会人になってからも、少なくとも「なるほど、今のままではいけないかもな」と考えられるだけでも随分《ずいぶん》違います。

何年か前にアルバイトから社員になりたい、と志願してきた青年がいました。見立てとしては、「厳しい」のひと言。すぐには社員にするとは言えません。彼には、「立ち方・歩き方・話し方・表情・語彙力」とすべてに渡って指導しました。

そこで彼は、指摘されたことを素直に受け止め、一つ一つを改善していきました。何年か修行期間を経て、見事正社員に。今ではあちこちに「T先生、T先生」「T先生のおかげで」と彼を慕う保護者がいます。

一方で、言われたことを受け止められなくてひねくれてしまい、結局は自分の居場所をなくしてしまった社員もいます。魂の中心部が満たされていない場合は、人の言葉も素直に受け取れないのでしょう。

何が大事かと言うと、**幼少期には、ポジティブな言葉をまわりの大人が言い続ける**ことです。子どもは、周囲を見て育ちます。素直な姿勢も、人への敬意も、親の態度から学びます。

お母さんの落とし穴は「愚《ぐ》痴《ち》」

お母さんにとっての落とし穴は、「愚痴」です。女性同士では、愚痴の言い合いが世間話の一つのような場合もありますが、せめて、子どもの前では愚痴を言わないでください。物事に対する否定・肯定の基本感覚を、子どもたちはすべて言葉から学ぶからです。

たまにですが、息をするかのように人の悪口しか言わない女性もいます。残念なことに育った家庭環境がそうだったのでしょうが、人の悪い面ばかりを見ているとは、なんと不幸せな生き方でしょう。顔の相すら悪くなります。

「素直さ」とは、別の面でいうと、「世界に対する肯定的な見方を身につけている」とも言えるでしょう。わが子の幸せな一生を考えて、ぜひ、ポジティブな言葉をかけ続けましょう。

NG
子どもの前での悪口や愚痴
○○がキライ!
□□ってサイテー

OK!
ストレス発散の場を持っておく
ハーイ
○○キライ!

ガミガミ言わないことが「取り繕《つくろ》わない誠実さ」に

ここでは、ダメな社会人の例から挙げましょう。取り繕い癖がある人は、いろいろといいようにだけ、物事を報告してきます。会社では、困るタイプの筆頭です。

たとえば、業務日報には、いいことしか書いていない。ところが、半年後に二〇あるクレームのうち二つしか報告していないことが発覚します。その報告がないがために、半年の間にクレームはチーズのように発酵してしまい、事態の収拾には何倍もの労力が必要になったのです。

取り繕うのは、基本的に自信のなさの裏返しなのでしょう。「よく思ってもらいたい」という願いと表裏一体なのでしょう。その気持ちもわからなくはありませんが、そのままいったらどうなるか、というイマジネーションも足りません。

誠実の基本は、他者性です。

お互いの関係のなかで、ちょっとでもイヤなことがあれば、それが今後、尾を引いてうまくいかなくなるなと思うものですが、「ここはごまかしとけ」という感性が育ってしまったのでしょう。

子どもの頃に気をつけてほしいのは、**こまごましたことを、お母さんがガミガミ言い続けない**ことです。ガミガミと、一つ一つの行動にダメ出しをされ、指摘され続けた子は、「今の今、波風さえたたなければいい」という感覚を心のなかに育《はぐく》んでしまうのです。

たとえば、「宿題、終わった？」と聞くと、「終わった」と言うけれど、実はまったく終わっていないということを毎日繰り返す子。今、少しぐらい怒られても、正直に話そうと思えない、取り繕い癖の芽が出た状態でしょう（宿題に関しては、83ページのカレンダー大作戦を参考にしてください）。

もっとも、「誠実」とは、もしかしたら、社会的に成長段階を経て、学んでいくもののなのかもしれません。「取り繕いすぎると、やっぱり自分が成長できないぞ」、何年かやってみて、「結局、誠実でないと、みんなからの評価が落ちてしまうぞ」というように、まわりとの関係のなかで学んでいくものでもあると思います。

NG
お母さんの
ガミガミ病

OK!
「決めたことは
やろうね」
ちゃんと
やろうね
ハァ…

優秀な男の子に不足しがちな「心からの思いやり」

「思いやり」は、なまじっか「優秀」と称賛されて生きてきた男に多い落とし穴の一つでしょう。自分ではちっとも思いやりがないとは思っていないし、たとえば、男子校でずっと育った場合はわからない部分かもしれません。

一般の社会、特に対女性、ということでいえば、「思いやりのない人はアウト」という感覚こそがわからないのです。本人たちは、自分は「イケている」とすら思っています。一昔前に「東大出の奴は使えない」と言われたことがありますが、そういう一面を表現したものでしょう。

確かに世の中では、勉強だけできても、頭だけよくて論理的に優れていても、嫌味なだけでまったく通用しないのです。そして、思いやりというのは、思いやり体験をたくさんしていないと、育たない部分です。「他者性」と言い換えてもいいでしょう。

自分とは違う立場の人たち、感性の異なる人たちへの想像力が必要なのです。

幼児期においては、**違う主張や考えを持った、異学年や異性や立場の異なる子どもたちとたくさん遊び、交流する経験値こそが重要**です。

「女はすぐ泣くんだもん」などと言いながらも一緒に遊ぶことが大切ですし、「ミニもて経験」が必要だと思っています。

「ミニもて経験」が思いやりの芽を育てる

サマースクールでは、毎年のように、そんな男の子たちの「ミニもて経験」を目撃します。

虫をたくさん捕まえた小学二年生の女の子がいたのですが、帰る日に虫かごのなかが虫であふれかえってしまったことがありました。

「こんなに持って帰っても共食いするだけだけど、どうする？」とリーダーが聞くと、「逃がして帰る」と言います。でも、虫をつかんで逃がしたいけれど、女性のリーダーもその女の子も、たくさんいる虫に気持ちが悪くなり、なかなかかごに手を入れられなくなっていました。

そんな場面に、小さなヒーロー出現です。見ていた一年生の男の子が、「いいよ、俺、やってやるよ」と、さっと助けてくれました。

本当にちょっとしたことですが、女の子からの「この子すごいな」「ありがとう」という感謝の気持ちを肌で感じて、男の子はまた誰かに「思いやり」を届けることができるようになるのです。

こういう経験を幼児期にいくつできたかが、思春期の異性に対しての物おじしない態度に繋《つな》がっていくでしょうし、付き合い経験に繋がっていくでしょう。

もちろん、付き合いはじめれば、「なんでこんなにうまくいかないの」ということだらけですが、その大もととして、異学年や異性との化学反応のるつぼに入れ込むことが重要です。


自分の過去を思い返してみても、この「ミニもて経験」があります。

小学四年生のときに、好きとまではいかないけど、仲良しグループのかわいい女の子集団と、「あの山を越えよう」と企画したことがありました。その当時、女の子たちの間では、リリアンが流行《はや》っていました。

私は「そんなの簡単に作れるよ」と糊のキャップに穴をあけ釘をさして、ひそかにリリアンを作って持っていました。

そして、山越えの当日。

急な坂道に差し掛かったときに、「これにつかまれよ」と、自家製キットで編み上げたリリアンを差し出す私……。

現実には、そんなちゃちなひもにつかまれるものではないのですが、グループ交際という晴れがましい日に、「ちょっといいな」と思っている女の子のために何かを準備すること。そして、女の子の「あらっ」という目線を感じながら、ナイトの経験をすることが重要なのだと思います。

唯一の武器が男子トイレに逃げること

ただし、今の時代の小学生は、女の子のほうが男の子よりも強いというのが現実でもあります。すでにここ一〇年くらいの潮流ですが、今は、どこの小学校のどの学年でも「一番強い子」といえば女の子です。

そんな話をある四年生の男の子としていたら、「うちの学校の番長も強くってさ～蹴《け》られるし殴《なぐ》られるし強いし、怖いんだよ」と。その子は続けて「俺の唯一の武器はね、男子便所に逃げ込むこと」と得意気《とくいげ》に教えてくれました。唯一の武器がトイレに逃げること……時代も変わってきたのでしょうが、哀愁すら感じさせる言葉です。

「女の人ははかなくて弱いから守らなければ」というのが、私の時代でした。しかし、もともとは「男こそ弱っちくて情けない」からこそ、逆に「男が女を守る」「男が強くなければならない」と教え込むことが、連綿《れんめん》と続く社会の知恵だったのかもしれません。

NG
勉強だけしてなさい
目指せ
100点
勉強さえ
できればよい

OK!
ありがとう
一番大事なのは
思いやり

笑わせ上手に人は集まる

第一にお母さんかお父さんのどちらかが笑わせ上手だと、その特性が子どもに伝わっていくでしょう。

私の母は、生活のなかにいつも小ネタを入れてくる人でした。

たとえば、「リリーン‼」と毎日鳴っていた目覚まし時計が壊れて、「リン……リン」と小さい音でとびとびにしか鳴らなくなってしまったことがありました。

「壊れた」と母に伝えたら、「うん? まーちゃんのために、やさ〜しく起こしてくれたんよ」と答えてくれました。そんなユーモアで返してくれた姿勢をよく覚えています。

もっとも、この笑わせ上手というのは、まったくと言ってよいほど、後天的な経験値が必要なものだと思います。

一回、人を笑わせる側に回ればわかりますが、人との関係においてその人が笑うことほど、嬉しいことはありません。幸せな笑いは、まわりとの関係性そのものです。自分の打った球が返ってくる喜びは、根源的な喜びなのです。

小さな男の子のなかには、まわりを驚かせることばかり言って（時には嘘までついて）、人の反応を待っている子がいます。

人の「え～」とか「へ～」とかのリアクションが嬉しいのでしょう。ちょっとでも関われたという嬉しさを噛みしめているのでしょうが、それを笑いに持っていけたら、さらに嬉しいでしょう。

男の子が、**お母さんの目から見たら馬鹿なことに思えるようなことをやっていても、その子を軽蔑の目で見たり、心からのため息をつくのはやめてほしい**な、と思います。

自分が馬鹿になって他人を喜ばせようとするのは、「将来的にモテる」ための基礎演習なのですから。

NG
ため息をつく
くだらない

OK!
おもしろがる
ププーッ

「若さという特権」を後ろから押してあげる

若さというのは、みんなに平等に訪れる魅力の一つです。若い時期は、一般社会のなかではかわいいとみなされる時期なので、失敗が許されることが大きな特徴です。そのときに自分ができる範囲はここまで、と枠を決めるのではなくて、領域を広げることが大切です。

「これとこれをやっていればいいですよね」ではなくて、仕事を一つ与えられたら、自分なりの工夫を加えて、やり尽くす。「他のことでもなんでもやってやる！」という気概《きがい》が必要です。

若いとき、この部分は、私自身もわかりませんでした。

「何歳になったって、失敗できるだろう」と理屈で思っていました。

でもこの歳になると、「社会的な地位があって、経験もあるあなたが何をやっているの」という目で見られるようになり、なかなか失敗はしにくくなるものです。声を大にして子どもたちに伝えたいのは、**「若さという魅力で許されるのだから、トライアル＆エラーを何度も繰り返して、教訓を得ろ！」**ということです。

失敗をプラスイメージで終わらせる

幼児期に家庭でできる大切なことは、**失敗経験へのプラスイメージを植えつけてあげる**ことです。

まずは、「失敗をしてもいいのよ」と感じさせてあげること。

次に、「失敗してイヤだったな～」で終わらせてしまうのではなく、教訓を言語化してあげることです。「大丈夫よ、その分あなたは強くなったのよ」というふうに。

ありがちなのは、

「どうしてできないの」

「何回同じことをやっているの」

「がんばらなかったからでしょ」

とついつい、失敗に対するマイナスの言葉がけをしてしまうことです。

でも、そんなことを言われた子が、次に「よし、がんばろう！」と思えるでしょうか。


「こういうときに、めげないことが大切よ」

「こんなことができるようになったじゃない」

「ここを工夫すれば、次はきっとできるわよ」

「一つ賢くなったじゃない」

とプラスのイメージで失敗を終わらせてあげることが重要です。


私が忘れられない、あるお母さんのひと言があります。

魚釣りをする野外体験から帰りついたときのことです。そのお母さんの子は「一匹も釣れなかった。もう二度と行かない！」とふてくされた態度を示しました。すると、そのお母さんは、「あれっ？　こんなことでめげる子だったかな、○○は？」と言ったのです。彼の瞳が光って、しばらくだまってから、「次、もう一回がんばる」と言ったのでした。

失敗でふてくされるのではなく、誇りを持って再チャレンジへの意欲に変えさせたこのお母さんの言葉は、教育にたずさわる者として私自身のお手本になっています。

物事をプラスに考えられるかどうかは、子どものうちは、親の態度にかかっています。失敗経験とその克服には、言うまでもなく、子どもにとってのとても重要な成長課題が含まれているのです。

NG

マイナスの言葉がけ

何回
同じことを
やってるの？
どうして
できないの？
がんばら
なかった
からでしょ

OK!

プラスのイメージで次へつなげる

失敗
アクシデント
めげ
ないで！

おもしろがる人は自分もまわりも幸せにする

おもしろがる人は魅力的です。この場合の「おもしろがる」には、二つの意味があります。

生きていくうえでは、生活していく術＝「仕事」を身につける必要がありますが、この**「仕事」をおもしろがって深めていける**、というのが一つめの意味です。

幸せにはいろんな要因がありますが、男性で幸せな人とは「毎日の仕事自体に充実感・充足感を持っている人」ということができるのではないでしょうか。それは、その仕事が自分に合う・合わないではなく、「自分で仕事をおもしろがって深くしていくことができる」からです。

問題意識とアイデアで結果を出していくことができる人は皆、自分の頭で考え、掘り下げ、考え続けられるタイプです。

しかし、こういう人は少ないのも事実。何事かを成している人は、対象を掘って掘って掘り下げて、自分が「楽しい」と思えちゃうところまで掘り進んでいます。「自分のフィールドはここ」って決めたあとは、ひたすらそこを深めていくのが特徴なのです。

たとえば研究者でいえば、ノーベル化学賞を受賞した、田中耕一さんが典型でしょう。島津製作所の会社員という立場でノーベル賞を受賞し、話題になりました。田中さんは現場での研究を好んだため、昇進の話をたびたび拒み、ノーベル賞受賞時も島津製作所においては年齢的に不相応な主任という職にいたそうです。

また、自分は職人的科学者であるとして、ノーベル賞授賞式会場でも敬称にドクターではなく、ミスターを使うよう申し出たという逸話も残っています。人柄も愛されたでしょうが、実直に、おもしろいと思った一点を掘り続けた成果だといえるでしょう。

もう一つの「おもしろがる」は、**置かれた状況をいつでもおもしろがることができる、という人生への根本姿勢**です。置かれた状況や、与えられた仕事、自分の親、天気……。運命とか神様の所業とかとも称されますが、自分の選べないものをぐちぐち言ってもしょうがないのです。

いい意味で「楽しんだ者勝ち」です。どんな状況でも、おもしろくするためにはどうしたらいいか？と考え、どうせなら、一緒にやる人にも楽しんでもらって物事にあたりたいものです。

「自分の物差し」を持っている友人Sから学べること

古くからの友人にSという男がいます。彼の特徴は、「会った人みんなが、彼を忘れないこと」です。二〇年ぶりにあった友人でも、「Sはどうしてる？」と聞いてきます。格別ギャグがおもしろいわけではありません。でも、本質的にすべての物事をおもしろがっているから、人は彼をおもしろいと思うし、忘れないのです。

二〇代の頃、そのSと私が中心になって「〇〇研究会」と銘打った会を作りました。とにかくある対象を決め、しばらくの間、それにのめり込むということをしていました。扱うものは、興味の赴《おもむ》くままにその時々によって異なりますが、本、映画、落語、写真、ボーリング、麻雀、囲碁、画廊巡りと、決めたテーマをとことん深める会でした。

なんでもおもしろがるSがいたから、この会は続いたのでしょう。

たとえば、「寿司」を深める会のときは、二人して、ありとあらゆる旨《うま》いと言われる寿司を食いに行きました。

しかし、アルバイトで生計を立てている学生の身ですから、そんなにお金があるわけではありません。一人前を頼んで、じゃんけんをしながら一つずつ食べるのです。お金がないからあきらめたり、悲惨と嘆いたりということではなく、ないならないなりに、その状況を楽しむのです。

こんなこともありました。写真を撮りに行こうと、横浜の桟橋《さんばし》を目指してドライブをしていたときのことです。道を間違えて、工事現場に迷い込んでしまったのです。「なんだよ、お前、道ぐらい調べとけよ」と相手を責めることもできます。しかし、Sは、その回り道自体を「これまたすげえとこに迷い込んだね」と喜んで、おもしろがれる奴でした。

私の家にSが居候《いそうろう》していたこともありました。後先考えずにお金を使ってしまい、食うものもどうしようかというときだったのですが、「ポイッ」と汚い靴下を投げてきては、「爆弾〜」とニッコニコして言うのです。やはり、どんな状況でも楽しもうとする奴、一緒に遊んでいて楽しい奴は、ずっと忘れないものです。

今はコンピューターソフトの会社を立ち上げて、がんばっているS。その根本には、「せっかく生きている人生だし、有限な時間だし、楽しんだほうがいいよね」という人生観があるのでしょう。

また、なんでも「おもしろがる」人の特徴は、「自分の物差し」を持っていることです。誰かが何々と言っているのではなくて、「自分の物差し」で世界を見ることができるから、おもしろがれるのです。こういう人は、本当に幸せだなぁと思います。

NG
ごめん
道に迷った…
調べ
とけよ!
自分以外の
せいにする

OK!
ごめん
道に迷った…
へーっ
こんな道
あったんだ
いつでも
おもしろがる

第4章

学力

お母さんが
つい自慢しちゃうほど
優秀な男に育てる

さて、ここまでお話ししてきたことを実践していけば、大枠の部分で「メシが食え、モテる男」に育っていくでしょう。最後に、長年学習塾で教えてきた経験からわかってきた、「あと伸び」して将来に「優秀さ」を発揮できる男の子の育て方をまとめていきます。

「お母さんのためのやっつけ勉強」に注意

あと伸びしている子は、勉強面にかぎっていうと、二つのことを大事にしています。

- **自分をだまさない。**
- **わからない自分をそのままにしない。**

こういう子は、「適当な勉強や、やったふりを気持ち悪く思う子」「わからないままノートを取っているだけの時間がむなしくなる子」です。常に、本当にわかった気持ちよさで勉強しているのです。自分で目の前の一問を考え尽くして、「わかった！」という快感を知っている子は、自分をだますことはしません。

問題ができたかできなかったかだけに、お母さんの目はいきがちですが、それでは、子どもは答えが合っていさえすればいいと考える、「答え信奉者」になってしまいます。

当たり前ですが、勉強は、答えではなく、**考える過程こそが大事**なのです。考え方自体を納得して身につけていかなければ、次のステップの難しい問題には、すぐに太《た》刀打《ちう》ちできなくなってしまいます。

「いいじゃん、最後、答えは合ってるんだから」と子どもが言い出したら、黄色信号を通り越して赤信号です。

自分の納得勝負ではなく、「お母さんのためのやっつけ勉強」になりはじめている可能性があります。

「考える＝楽しい」だけを目的に

男の子は女の子に比べ、算数や理科が比較的よくできます。立体図形の裏側を想像するような空間を認識する能力も高く、理屈立ててしゃべることが得意です。「解けた！」ということにすごくこだわれる子が多いので、この特性は将来、武器になるでしょう。

そんな男の子には、楽しみながら解けるパズルは向いています。

幼児や小学校低学年には、最初は「迷路」がお勧めです。解けたときの達成感が必ずありますし、図形的にもすごくおもしろいのです。

お母さんが気をつけるべき点は、**「好きにやらせてあげること」**、そして**「考えることを一緒に楽しむこと」**です。

お母さんの気持ちとしては、せっかく一冊のドリルを与えたのだから、はじめから一ページずつ全部を仕上げてほしいと思うでしょう。

でもそれでは、考えることが嫌いになってしまいます。

発想力を問うようなパズルや問題を家でやる場合は、

「どこから手をつけてもいい」

「そのときわからなければ、またチャレンジすればいい」

という大らかさが必要です。

正解するのが目的なのではなく、「考えることが楽しい」と感じてもらうことが目的だからです。

これまで、多くの子を指導してきましたが、その「考えることは楽しい！」という感覚のまま小学校高学年を迎えることができたのなら、少なくともあと伸びの土台がある、と言えるでしょう。

考えることが楽しい問題例①

図《ず》のように鏡《かがみ》に写《うつ》った手《て》は
右手《みぎて》と左手《ひだりて》のどちらでしょう？

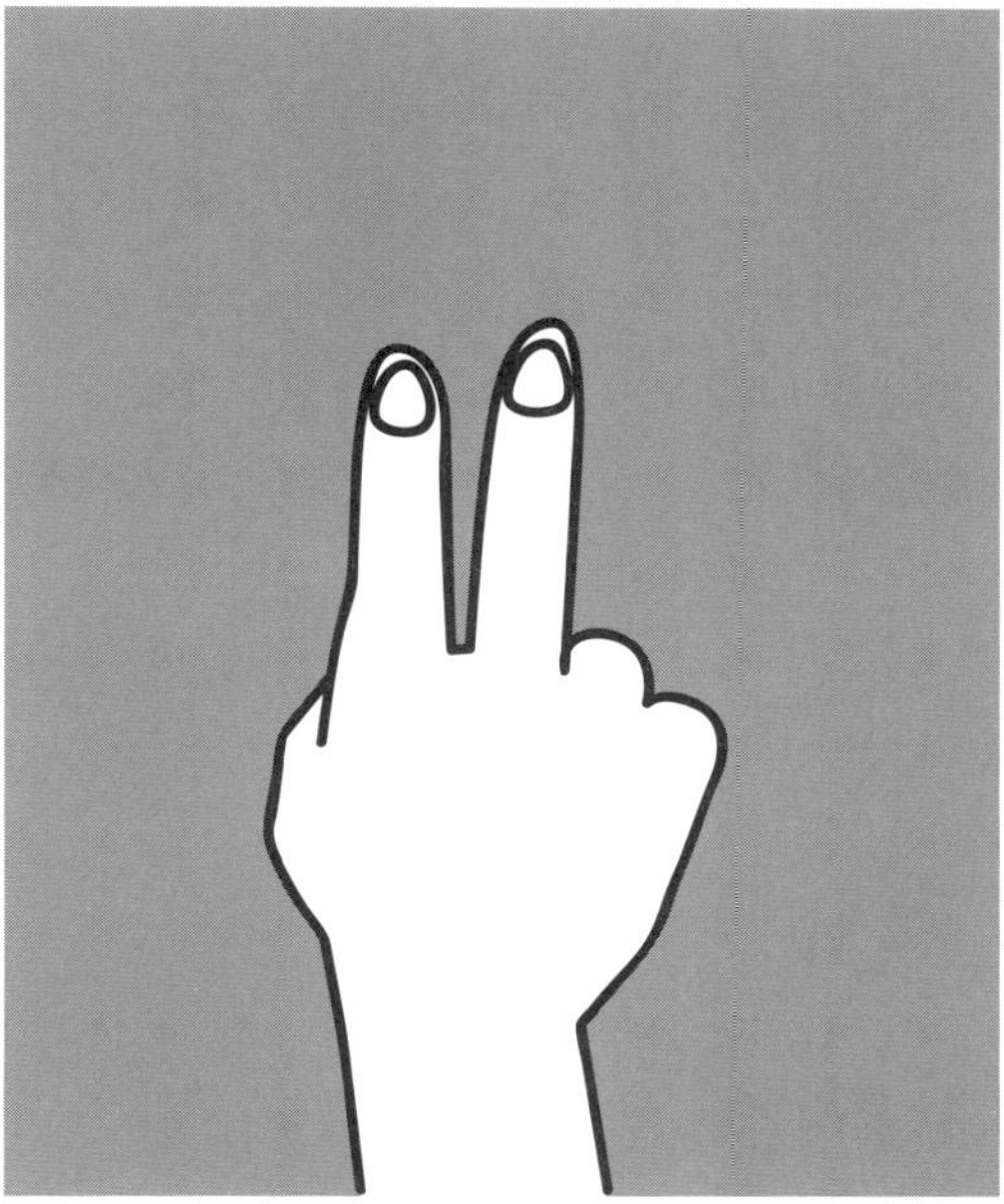

考えることが楽しい問題例②

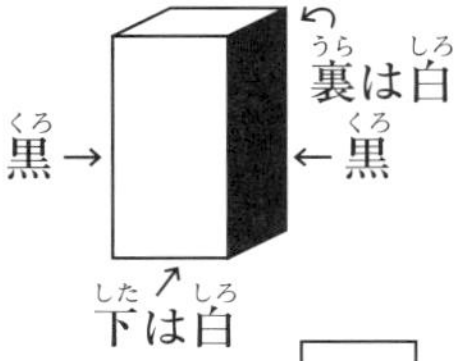

組《く》み立《た》てると左《ひだり》のような箱《はこ》になるものに○を付《つ》けなさい。

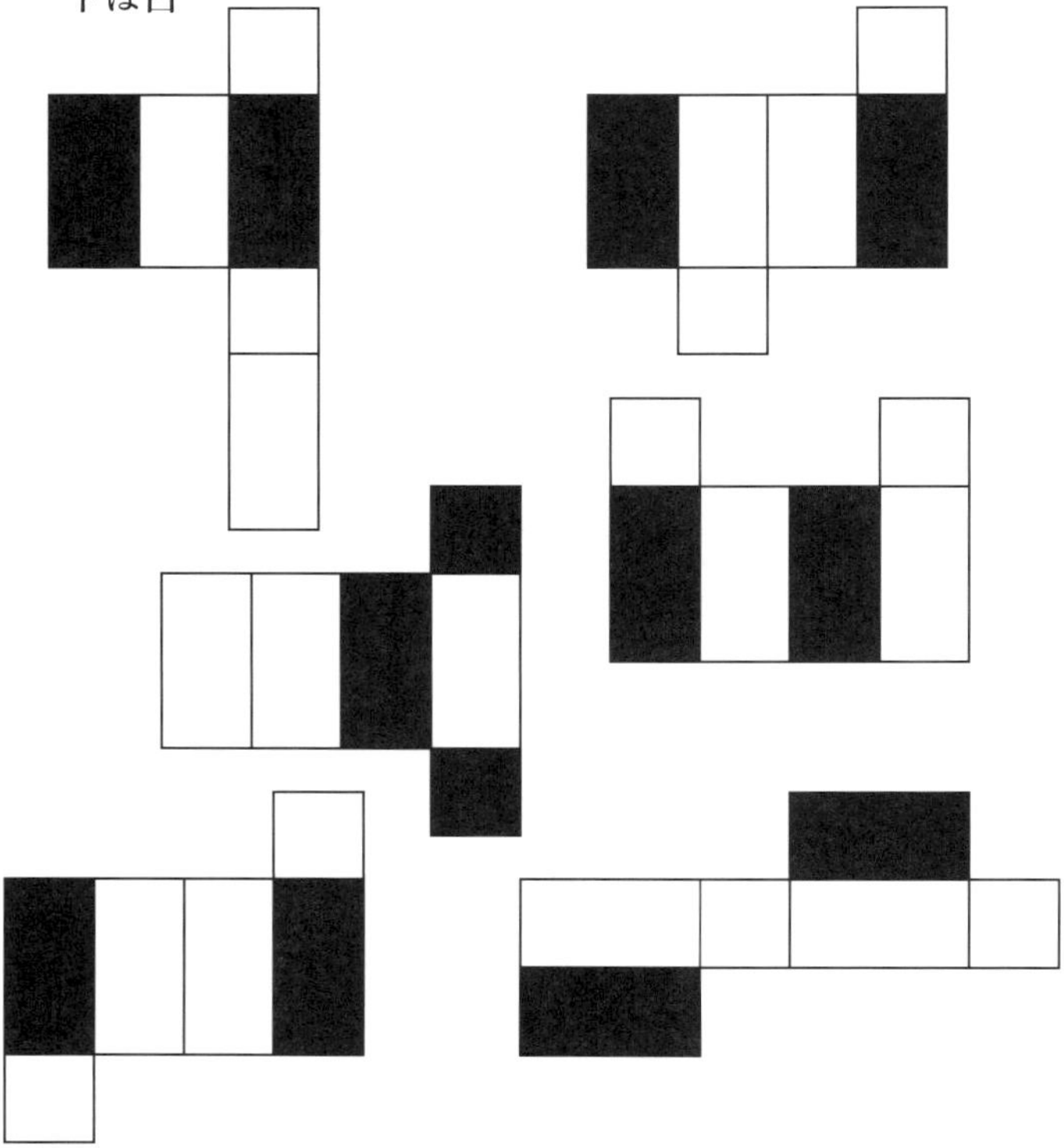

考えることが楽しい問題例③

たてか横《よこ》にひとつずつ進《すす》んでゴールをめざします。
ルールは白白黒黒《しろしろくろくろ》と進《すす》んでいくことです（ななめは進《すす》めません）。

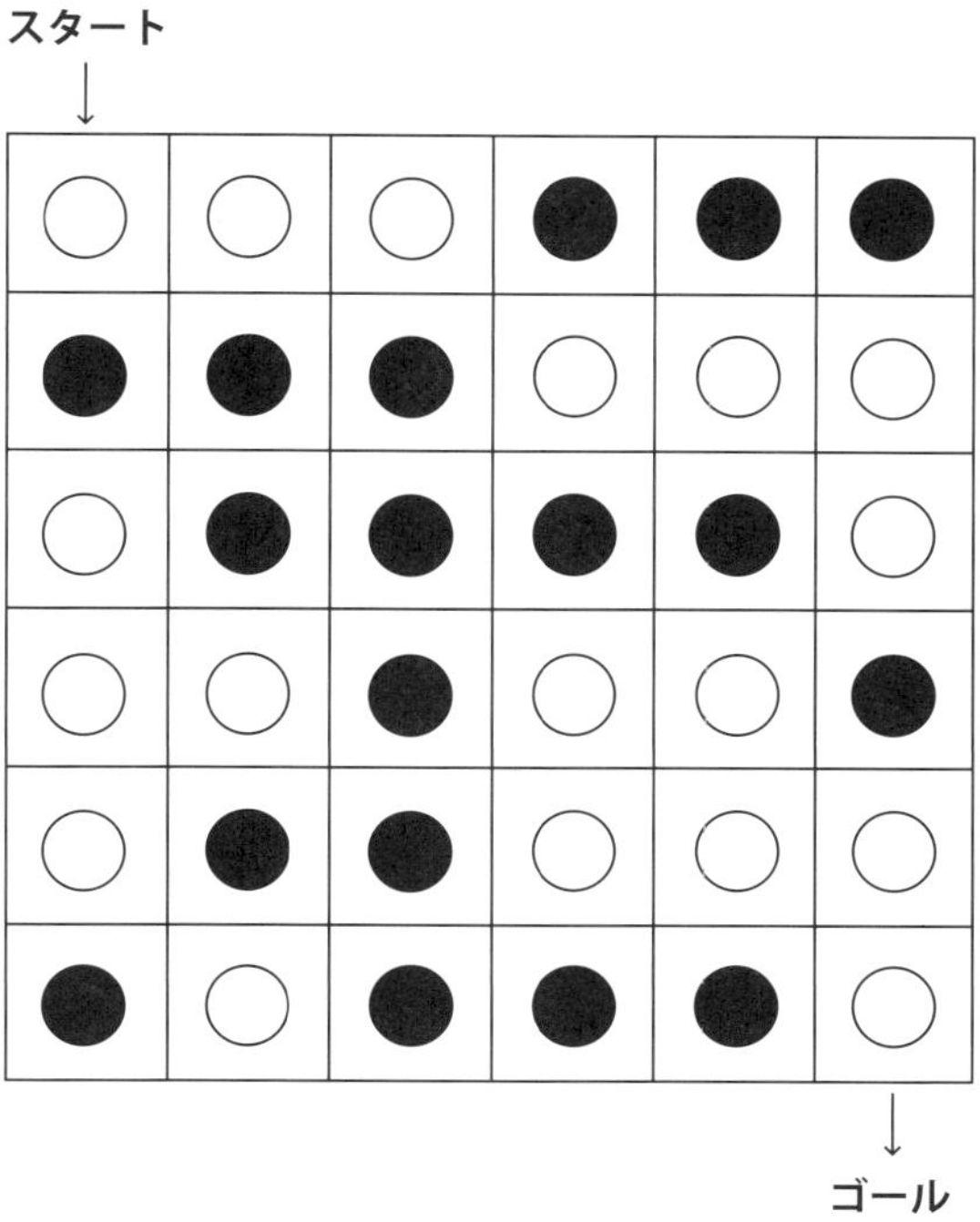

考えることが楽しい問題例④

下《した》のような形《かたち》の紙《かみ》があります。これを裏《うら》にするとどの形《かたち》になりますか。

①～④から選《えら》んで○をつけなさい。

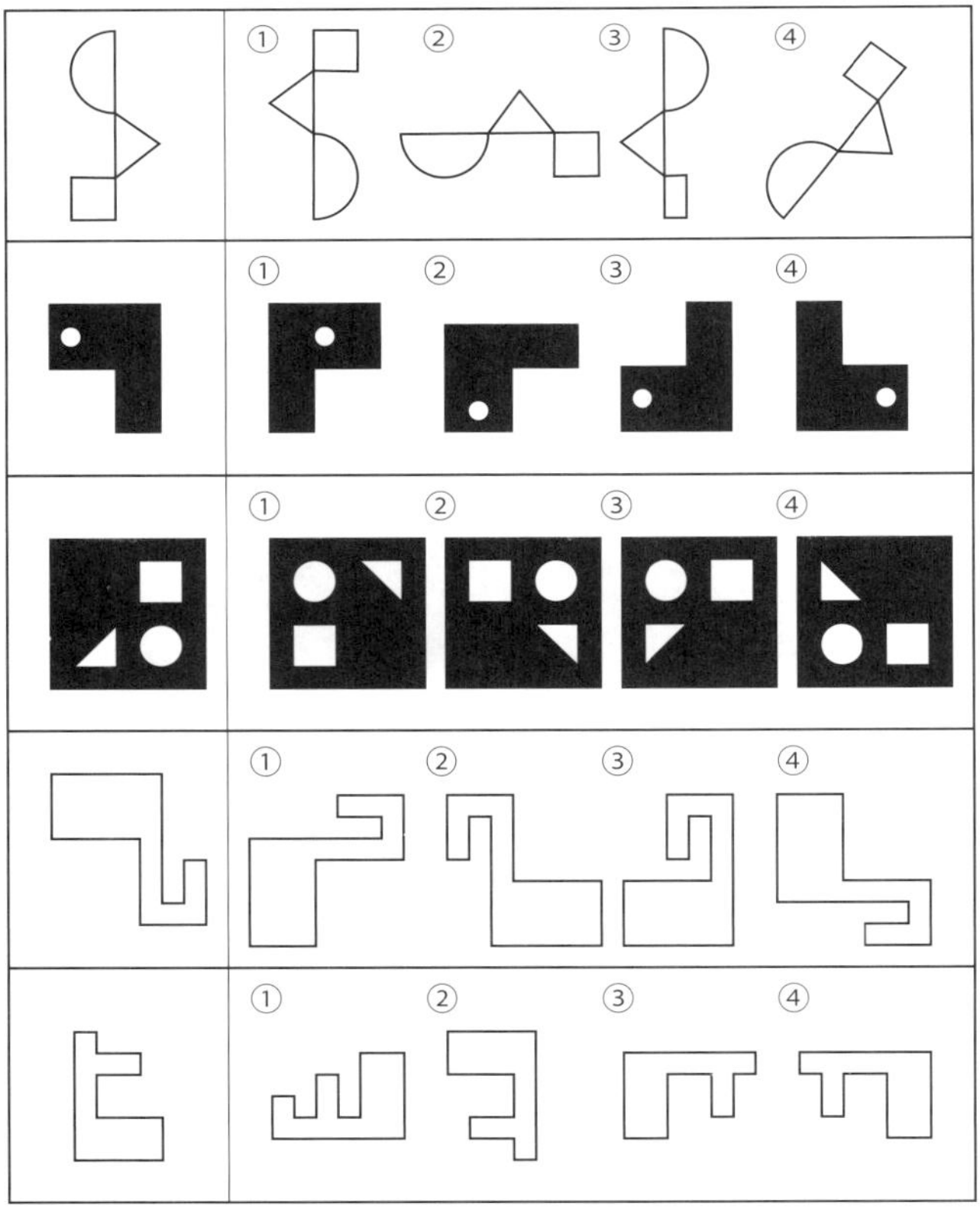

机に向かう姿勢は丁寧《ていねい》に何度も言い続けて

実は、勉強するときに、背筋のピンと伸びた姿勢を保っていられない子は、学力も伸びません。おそらく、ある一定の筋力《きんりょく》(腹筋《ふっきん》・背筋《はいきん》)がないことも関係しています。脳みそが集中したいのに体が支えてくれなければ、机に座って考え続けたり、書き続けることができないからです。人は書きながら、物事を考えるのです。

しかし、第1章の「特徴」のところで述べましたが、男の子というものは基本的に落ち着きがない子が多いので、「姿勢・座らせ方」を教えることは苦労する項目でしょう。男の子は、体の底から動きたい気持ちがあるから動いてしまうのです。

そこで重要なのは、**正しい座り方をお母さんが落ち着いて何度も何度も言い続けてあげる**ことです。怒っても何も効きません。

「べき論」ではなく、目の前の男の子の状態にアンテナを張り続けて、伝えていってあげてください。

花まる学習会では、この「姿勢」もゲームにすることで、子どもたちに意識づけをしています。

「手はひざで、いい姿勢で先生を見られるのは誰かな？」

「今日の姿勢賞はBちゃんでした！」という具合です。

家庭では難しい場合もありますが、兄弟揃《そろ》って勉強する場合に、優劣を決めるのではなく、「お兄ちゃんは、つま先まで揃ったいい姿勢だね」「けんちゃんは、左手の置き方が完璧で、いい姿勢だね」と、望ましい方向に進むようにまんべんなくほめていくとよいでしょう。

字はスピードを重視する

たとえば、こんなことをしていませんか？

子どもが小学校から帰宅したら、ノートをチェック。「この字読めないじゃない！」「きちんと書きなさい、きちんと！」と怒鳴《どな》って書き直しをさせる……。

実は、低学年の頃は、ノートをきれいに取ることよりも大切なことがあります。

それは、頭のなかで「わかったー！」「頭のなかに入ったぞ！」という快感を得ることです。

そうでないと、ノートは「理解していなくても、怒られないようにお母さんのために書くもの」になってしまいます。

また、「きちんと丁寧《ていねい》に」にこだわりすぎてノロノロとしていると、テストで時間が足りない子になってしまいます。

書道や硬筆など、きれいに書くべきときはもちろんきちんと書かせるべきなのですが、**普段字を書くときは、スピード感も大事**です。

たとえば、中学三年生になってからのトップの子たちの争いを見ていると、常に手を動かして、ものすごいスピードで問題を解いています。問題量が多く、そのトップスピードで書きながら考えないと、全部を解ききれないからです。

幼児期のうちに、やるべきときはサーッと素早くやる癖をつけましょう。

たとえば、百マス計算のような反復の計算などは、大体の字がわかればよいものなので、丁寧に書く必要はありません。

そのかわり集中力をつけさせるために、ストップウォッチで時間を計りながら取り組むなど、スピーディに書くよう導いてあげましょう。

言葉はすべての学力の土台

伸びる子の家庭は適当な言い方を逃《のが》さない

伸びる子の家庭の特徴として、「言葉の環境」がよいことが挙げられます。言葉のキャッチボールが盛んで、豊かで楽しい会話に満ちあふれています。そして何よりも、お母さんお父さんが、子どもの言葉の言い間違いをさりげなく修正する習慣があることが重要です。「適当な言い方を逃さない」ということです。

よく「○○大学出身のお父さんだから、その子どももすごいね」と人は言います。遺伝子的には部分的に正しいけれど、大半ははずれています。そういう家庭は、「両親の言葉遣《づか》いがしっかりしているから、子どももすごいね」なのです。

一語をちゃんと言うという、言葉に対する厳密さの感覚は、あと伸びのいろはの

「い」です。そういう家庭で育った子は、小さい頃から間違った言葉に対して「違うよ」と突っ込んできます。なんの科目を学ぶにしても、言葉の定義から学びははじまるのですから大切なポイントです。

たとえば、東大に行った教え子がいます。

あるとき、「葉っぱが落ちて腐って……」という説明を子どもたち皆にしていたら、小学一年生なのにもかかわらず、彼は「腐葉土《ふようど》でしょ」とひと言で表しました。

このように、世界の一つ一つを言葉にして理解していく感覚は、伸びる土台として非常に大事です。幼児期や小学校低学年の時期は耳学問でよく、音として理解すればいいのです。「言って、聞いて、言って、聞いて」で十分です。

また、「会話が大事」というのは、相手の言いたいことをしっかりつかんで返しているか、つまり、キャッチボールになっているかが重要だということです。親も子どもも、自分の言いたいことだけを言って流していると、癖になってしまいます。

お母さんが陥《おちい》りがちな罠《わな》は、「わかってあげちゃう」こと。男の子がもぞもぞと言いきれない状況を待てなくて、親の側から言い換えてあげてしまうことは往々にしてあります。

しかし、そのように察してしまってはいけません。説明する習慣は、言葉が少なくなる中学生になってからでは身につかないからです。

「水！」とか、「お母さん、トイレ」など、小学校に入っても、単語で言葉を発している子は要注意です。

「水が何？」

「お母さんはトイレじゃないよ」

とあえて聞き返しましょう。

「のどがかわいたので、水をください」「トイレに行きたい」と、小さい頃からの会話で正しい日本語をしゃべらせることこそが、大きな目標です。

文章題でつまずかない三つのステップ

文章題については、小学一年生に上がるときが最大のポイントです。

小学校低学年までの子どもが問題を解いていて、「わからない」と言うときは、解き方がわからない場合もありますし、問いの意味がわかっていない場合もあります。文章を読みきれないいだけで、実は、口頭で言って聞かせると、問題ができる場合もあります。

もっともたいていの場合は、解いている途中で、

「何でこんな問題もわからないの！」

とお母さんが男の子にキレてしまうことが多いようです。

しかし、平均的に言ってもともと男の子は、国語的（言語的）な発達が遅いものです。

また、文章題というのは、お母さんが思っている以上に、子どもにとっては大きな壁なのです。まず、問題文を読んで状況をイメージする必要がありますし、そのうえ、イメージしたものを式に置き換える必要があるからです。

「きちんと読みなさい！」

とどんなに怒ったところで、きちんと読める子は一人もいません。

まず、

① 一緒に読んで状況をイメージさせる。
② 図（絵）に書かせる。
③ そこから式に変換する。

という三ステップを何度も練習してください。

それから、「この子、何回も読んでもわかんないみたいなんですよ、何でですかね～」と子どもの前で言うのは絶対にやめましょう。時がくれば、必ずできるようになるものです。できるようになる前に、**お母さんの言葉によって「苦手意識」が染みつくと、「本物の苦手」へまっしぐら**です。当然、勉強そのものが嫌いになってしまいます。

漢字をやるなら身近なところから

「小学校で習う前に、漢字は教えていいですか？」とよく聞かれます。本人がやる気ならば、何を教えても邪魔にはなりません。いくら教えても大丈夫です。

いけないのは、「子ども本人は本心ではイヤだけど、お母さんの顔色を窺《うかが》ってやってみせている」状態を続けることです。

女の子のほうが言語の習得は明らかに早いもの。一説によると、四歳差ぐらいだそうです。女の子の兄弟が上にいる場合、お母さんは心配するものですが、男の子はあせってはダメです。「ずっとあとで伸びる」ことを信じ続けてください。

また、生活のなかでこそ文字や漢字は身についていくので、学習の入口の段階では、自分の名前、親の名前、好きなキャラクター、好きな生き物の名前などから興味を広げていくことをお勧めします。

ただし、第2章にも書きましたが、子どものあと伸びのために、小学校に入ったらどんなに強制しても大丈夫な項目が、この「漢字」です。

わからない言葉をそのままにしない

わからない言葉は、親が調べてみせることが重要です。親に辞書を引く習慣があれば、子どもも必ず辞書を引くようになります。今ならば、ウィキペディアなどのネット上で調べるのもありでしょう。

親の「わからないものを、わからないままにしない」姿勢や態度が、わが子の「調べる力」に繋《つな》がるのです。

最後は背中で語って本好きに

平均していうと、男の子のほうが、女の子に比べて本を読まない傾向にあるようです。まさに私がそうでした。読書家の姉と比較されてイヤになり、本を読まなかったのです。

そもそも男の子は言葉の発達が遅いものですが、文章を読む力が弱いうえに、先生やまわりの大人に「お姉ちゃんは、本をたくさん読むよね」などと言われると、いよいよ読みたくなくなってくるのです。

そして何より、本よりも、自動車のおもちゃや積木に夢中になるし、外で走り回っているほうが楽しいのです。有限な幼児期ですから、将来の空間認識や数理的思考に繋がることをしていると思えば、決してマイナス面だけではありません。

私が見るに、本を読むようになる成功例は三つです。

①読み聞かせが成功した。

②親が本の虫である。

③思春期での「一冊」との出会い。

ただし、男の子は、図鑑などは大好きです。

「お母さん、怪獣ギャドンの身長は、五一・五メートルでこっちは五三メートルだって!!!」

と常に大きさや強度、パワーのすごさに着目しています。

お母さんとしては、「本を読んでよ、本を！　図鑑じゃ字がないじゃない！」と思うでしょうが、実際には、図鑑好きで勉強好きになった子もたくさんいます。

なお、男の代表のひとりとして言わせてもらうと、基本的に小さい頃の男の子は、いわゆる「絵本」に代表される「物語」には、「感情移入しない」し、「できない」のです。「架空の話だし、僕は僕だから、人が何したってどうでもいい」という感覚なのです。

そんな私でも、思春期の悩める時期に、答えを示してくれるような一冊に出会って、本が好きになりました。そして、青年期はそれこそ貪《むさぼ》るように、様々な本を読みました。

もし読み聞かせが失敗したとしても、あまりがっかりしないでください。次なる手段は、**親の背中で語る**ことです。親の自分が本を読まないのに、口酸《くちす》っぱく「本を読みなさい！」と言っても、子どもが読むわけはないのです。「今、本を読んでいるからあっちに行ってて」と言うほうが、子どもは本を読みたがるようになるものです。

しりとりで語彙《ごい》を増やす

しりとりの実力で、子どもはもちろん大人でも、その学力がわかります。子どもは、言葉に関するゲームはなんでも好きなものです。ちょっとしたスキマ時間はいつでもあるものですから、しりとりで、積極的に子どもの語彙を増やしていってあげましょう。

力がついたらついたなりに、**「四文字しばり」とか、「野菜しばり」などのルールを工夫して設定すると**、いつまでも楽しめます。

今
本読んでるから
こそ
親の背中で語ると、
やりたがるようになるもの

お母さんだからできる数理的思考力の伸ばし方

数理的思考力は、多くの男の子が武器にできる領域です。

世界中の数学オリンピックの出場者は、圧倒的に男のほうが多かったりします（もちろん、全員が全員ではないし、特別な女の子は出てきますが）。メシを食うという意味では、数理的思考力があれば活躍できる場も広がります。

お母さんだからこそできることには、次の三つがあります。

① 計算ドリルから数字に触れてはいけない

高学年になって算数で伸び悩む子の特徴として、「計算ドリルから数字に触れた子」というのが一つの定番としてあります。**ドリルが悪いわけではなく、順番が大事**ということです。

ドリルよりも前に、お風呂で一〇〇まで数字を数えるなどといった数唱や数え上げで、数の感覚を身につけることこそが重要なのです。

一方計算ドリルから数字に触れてしまうと、なんとなく解けてしまい、表面的なドリルなどはこなせます。

しかし、数の感覚が育たないのです。すると、たとえば小学六年生の中学受験時に、整数問題にまったく太刀打《たちう》ちできなくなってしまう、という悲劇が起こります。

トップ校は、ほぼ必ず「整数問題」が出題されますし、ここでこそ差がつく厳しい世界であるというのに、実生活のなかで数に触れてこなかったがために、毎年苦しむ子どもを何人も見ています。

逆に、成績がとっても伸びた男の子の特徴の一つに、「電車好き」というものがあります。

「ママ、一〇両編成だよ！　今度は八両編成だよ！」と大興奮する男の子。

電車をこのように体感しているわが子がいたら、祝福してください。その子が「あの位まで長さがきているから一〇両なんだ」と体感しているものは、数の概念、スケール感そのものだからです。

お母さんができることとしては、遊びとして取り入れること。

たとえば、貨物列車の数を一緒に数えるだけでも男の子は興奮するものです。「一八、一九、二〇までいった！」と喜んで報告してきたら、その子は、まさに数の感覚を味わっているのです。

② アナログ時計はあと伸びの宝庫

時計は、あと伸びの要素が詰まった宝庫です。時計を家に置くなら、絶対にアナログ時計がお勧めです。

算数・数学の世界での難問の一つの柱は、二つのものが違う動きをするという問題（偏微分《へんびぶん》・旅人算《たびびとざん》などの速さの問題）です。時計はそれを体験する最初のステップとなります。というのも、アナログ時計は「分」と「時」が同じ盤面で違うものを指しているからです。角度・面積・十二進法などの領域面でも、意味ある基礎体験ができます。

「パパが家に帰ってくるまで、あと何分でしょうか？」

そんなお母さんならではのクイズを出すのもお勧めです。

生活のなかで知っていないと困るものは、子どもも覚えます。「短い針が8と9の間、長い針が6にいったら幼稚園に行く時間だから教えてね」など、生活に根差したところから時計に親しむとよいでしょう。

③「ケンカしないように分ける」リアルさ

「数字に親しむには、身近なところから」をお勧めします。自分と家族、友達と好きなものに関係する数字は親しみやすく、覚えやすいものです。自宅の電話番号や郵便番号、住所、生年月日、好きなお菓子の値段など。生活するうえで知っていないと困るものは、子どもも覚えますから、そういうものからはじめるのがよいでしょう。

また、小学校になってから習う割り算などの概念も、生活のなかから学んでいくと、表面的なただの計算でなく実感をともなった理解に繋《つな》がります。

たとえば、「お菓子を、お父さんとお母さんとお兄ちゃんと自分に、ケンカしないように分けてね」と問いかけるのです。「ケンカしないように分ける」というのは、子どもにとってとてもリアルです。真剣に集中して考え、シェアしてくれるでしょう。

ケンカしないように分けるリアルさが
真剣に考えさせる

思考力はお母さんが伸ばす

思考力問題は、今では中学・高校・大学受験、就職試験でも問われるようになってきました。いわば、頭のいい人を見極めたいときに出題する問題の主流となっているのです。

単純な計算問題なども出題されるではないか、と思う人もいるでしょうが、いまやただ答えが合っていればよいというものではなく、計算の「工夫」を見るために出題しているのです。

さて、そのように工夫する力に直結する思考力を伸ばすには、次のことがお勧めです。

お手伝いが工夫体質を育《はぐく》む

お手伝いを任せていやがる子はいません。お母さんから任されると、一生懸命尽くしたくなるのが子どもです。そして、日々同じことを繰り返していると、必ず工夫しはじめ、要領よくやりはじめるのは、どの子にも共通した特徴です。

たとえば、お風呂洗い一つでも毎日やっていれば、「洗剤の量をなるべく少なくして、すみずみまできれいにするにはどうすればいいのだろう。こうやってみようかなぁ」などの工夫が生まれます。

私の経験をお話しすると、五右衛門風呂《ごえもんぶろ》を沸かすのが毎日の仕事でした。最初は火をうまく調節できずに苦労しました。しかし、自分なりに工夫してできるようになると、「よっしゃー燃えた！」という快感に繋《つな》がっていったのを思い出します。

布団干しなんかも、干したものを最初は屋根の上から「うんせ、うんせ」と普通に下ろしたりするのですが、そのうち、弟に下にいてもらって、手すりにかけて滑《すべ》り落として取ってもらったりしていました。

実は、何かしらの工夫をしたことがない子に、問題を解く段階で「工夫してみて！」「もっと簡単に」と言っても、やり方がわからないのです。

「工夫」とは、一つの意思です。**「工夫」する喜びや感覚を体感として味わったことがない子に、問題を解くときだけ工夫するように言っても、できるわけがない**のです。

自分でやらなければ気が済まない子に

お母さんは、かわいくてかわいくてしかたがない息子に対して、なんでもついついやってあげたくなるものです。女の子には、「畳んだ服は、たんすにしまってね」と言うお母さんも、男の子に対しては、「もう、ちゃんとやんなさいよ」とかなんとか口では言いながらも、せっせとやってあげてしまうのです。

しかし、それでは男の子は成長しません。子どもの工夫と主体性、失敗経験や成功経験すらも奪っていることになります。

料理などの生活のお手伝いを「やらせてあげる」ことは、かえって余計に大変になる場面がたくさんあります。

しかし、小さい頃にたくさん失敗して工夫した経験があり、主体的にやろうとする子ほど、あと伸びするのです。次の段取りもイメージしているお母さんには、子どもの手伝いが「モタモタした時間」と感じられることもあるでしょうが、全体を見渡して適度に経験させてあげてください。

「なぜ？」をほめる

「なぜ？」という頭の働きをほめてほしいと思います。疑問を感じる力は、将来、魅力の一つになります。豊かな発想力がある人は、「なぜ？」という問題意識が高いのです。そして、問題は何なのかを言葉にしてためているから、アイデアが次々と出るのです。

「なぜ空は青いの？」などのように、お母さんお父さんがすぐには答えられない質問であったとしても、「よくそんなことを思いついたわね」とほめてあげましょう。そして、一緒に考える、調べてあげると、子どもの好奇心が育ちます。

小さい頃の「なぜ？」に対して、

「そんなのどうでもいいでしょ！」

「そんなこと知らないわよ！」

と答えていては、疑問を感じる力は育ちません。

本当に忙しいときは、「あとで」でもいいのです。

「ごはんを作り終わったらね」

「洗濯物を干したらね」

「弟が寝たらね」

「新聞を読み終わったらね」

ひと段落したら、「さっきのなあに？」と一緒に考えて、おもしろがってあげることが、子どもの発想力、ひいては将来の問題意識の高さに繋《つな》がります。

自然から学べるたくさんのこと

天才には山川に囲まれて育った人が多いといいます。世界の多様さを五感で感じることが、知能の源となるのでしょう。

たとえば、自然のなかで遊んでいると、木のとげが指に刺さったときの「痛さ」にも直面します。生き物や木の葉が「腐る」などの自然の摂理にも向き合うことになります。石ころ一つでも様々な模様や色合いがあり、どれ一つとして同じものはありません。

それらは、都会の滅菌《めっきん》された清潔さや作られたレジャー施設での遊びでは、到底《とうてい》味わえないことなのです。

よく、立方体を重ねた図があって、裏に見えない立方体も含めて全部で何個あるかを問う問題があります。こういう問題で、空間認識力を測ることはできても、伸ばすことはできません。

脳科学者の言葉を借りるまでもなく、やる気のなかで伸びる能力ですので、幼児期における外での遊びが重要です。

一般的に右脳の能力（図形センス、空間認識力、見える力）というのは、野外でこそ断然育つのです。木に登る、滝に飛び込む、かくれんぼ、球技などは、必然的に三次元をイメージしながら遊ぶので、空間認識力が自然と身についていきます。

空間認識力は、入試の最後の最後に差がつく部分ともいわれており、「空間認識の力がないから医学部をあきらめました」という話も聞きます。小さい頃の遊びの質も少なからず関係しているのですね。

ボードゲームはお父さんにも手伝ってもらって

ボードゲームは、子どもの頭が一番活性化した状態で、論理的に考えることを教えることができます。トランプ、囲碁、将棋などなんでもいいのですが、相手が目の前にいて、「勝ちたい」「悔しい」などの感情をともなうことで、脳が一層活性化するのです。「必死さ」という状況を作るのに、ボードゲームはとてもよい素材です。

たとえば、詰め碁の問題用紙を渡されて、「はい、解いてください」では、誰しもよくて六割程度の力しか出せないものです。

数学でいう理詰めとは、論理力のことです。論理力とは、「必要条件」と「場合分け」を使い分けることと定義できます。

必要条件とは堅苦しい表現ですが、要するに「せばめる力」です。無限にありそうな可能性を、ここまでにはしぼり込めるという視点を発見する力のことです。知力の最後のたたかいは必要条件の発見力勝負といっても過言ではないのです。「言われればわかるのに……思いつかないよ」を、どう思いつくかの勝負なのです。

そうやってしぼり込んだうえで、今度は可能性のある何通りかの場合を、それぞれを分けながら粘り強く丁寧《ていねい》に漏《も》らさずに検証していくことが必要です。こちらの力は後天的な力で、やり尽くす遊びをしてきたか、粘り強さが育っているかなどが問われます。

実は、ボードゲームの多くには、この「必要条件」と「場合分け」の要素が両方とも含まれているのです。

これらの能力が伸びるために一番いいのは、**ボードゲームのあとの感想戦**です。

たとえば、囲碁をお父さんと男の子でやるとしましょう。決着がついたあとに

父「なんでこう打つんだ?」

子「だってお父さんは、僕がこう打ったら、こう打ってくると思ったんだもん」

というように、会話のレベルで理詰めをやると、さらに論理力が伸びます。

ただし、お母さんはあまり好まない世界かもしれませんので、無理にがんばる必要

はありません。そういうときは、お父さんでも叔父さんでもお爺ちゃんでも、好きな人に任せるのがよいでしょう。

作る、説明するが将来に繋《つな》がる

何かを作ることを喜ぶ人は、人生を豊かにできると思います。何かを作り続ける人は、作ったものが立派だから喜ぶのではなく、工夫して作ること自体が楽しいから喜ぶのです。なんでも一生懸命やることで喜びが生まれてきますが、作ると、目の前に着々と作品ができ上がってくるので、楽しくなってきます。親として、このときに認め、一緒に喜んであげることが大切です。

たとえば、テレビ「情熱大陸」の取材で取り上げられた中三のスーパークラスでは、数学の問題を解くことはすでにできるので、「問題を作ること」と「どういう別解を考えられるか」をひたすら競わせていました。

「理解」の最高の到達の状態は、

①問題を作れる。

② 別解を考えられる。
③ 人に説明できる。

この三つなのです。これは、知的に余力がなければできない領域です。

幼児期や低学年時代にたまにあるのが、迷路が好きで好きで、放っておくと今度は自分で緻密《ちみつ》な迷路を作ってしまう子。こういう子は、あと伸びします。親としては、子どもが夢中になって作っているものがあったら、内心ため息をついていても、ぜひ作り続けさせてあげてください。あと伸びの秘訣であり、わが子の人生を豊かにする秘訣だからです。

また、説明活動についても、最後にお伝えします。ここは、口頭でたくさんわが子に経験させたいところです。

たとえば、映画を観たり、本を読んだら、「桃太郎が鬼退治をした話」などのように、ひと言で要約をしていくのです。ここは親の対応が大事なキーポイントです。

よくありがちなのは、子どもが「えっと……桃が流れた話」とぽつぽつ話すのを、「え？ そうじゃないでしょ」と否定から入ることです。認められなかった男の子は、ますます話そうとはしなくなります。

「それもそうだけど、○○が△△した話っていうほうがいいよね」と、最初は答えを言ってみせて導いてあげるのがいいでしょう。徐々に説明させる経験を積ませていってください。このことが将来、要点をとらえて論理的に説明できる能力に繋がります。

おわりに

最後にこれだけは気をつけてほしいことをお伝えします。

男の子とは、「いつかは母である自分を離れていくもの」であるということです。むしろ、そうでなければ健全ではないのです。

一〇歳ぐらいまでは、それこそ、舐《な》めるようにかわいいかわいいで育ててもいいでしょう。「わが子が世界で一番かわいい！」と親バカに徹してください。

でも、一〇歳を過ぎたら切りかえなければいけません。ずっと「私がいなければ何もできないんだから……」と子離れできなかったお母さんが世話を焼き続けた結末が、いまや数百万のオーダーでいるといわれる、ニート・ひきこもりです。

一〇歳以降の男の子は、お母さんからは離れる一方。父親だから話せること（オスとしての本音の人生論＋仕事の厳しさの話）はありますが、第一に意識してほしいのは、「外の師匠」を見つけてあげることです。往々にしてだらしなくもなる思春期に、しつけ面でも「この先生に言われると恐い」「この先生の言うことなら聞く」というようにガツンと指導してくれるたった一人がいると、本当に楽になります。

つまり、一〇歳以降は、自分の手を離れるように、自立するように、育てなければいけません。将来、世間の荒波にわが子が対峙《たいじ》していけるよう、覚悟を決めて、手を放すのです。

「口も手も出さずにただ、見守るだけ」

これは、どんなお母さんにとっても、かなりつらいことです。

でもそうすることこそが、わが子が将来メシが食え、多くの人に好かれる男になる秘訣です。このことをどこか心にとめて、今の子育てを楽しんでいただければ、これ以上嬉しいことはありません。

最後に、この本は、川波朋子さんの献身的な応援と堀井太郎さんの緻密かつあたたかい支援なくしては、完成しませんでした。ここに心より感謝します。

二〇一二年五月

花まる学習会代表　高濱正伸

巻末付記

幼児期以降の、男の子の特徴&ワンポイントアドバイス

一〇歳以降は、こんなふうに変わっていきます。

▼小学五年生から中学一年生まで

- 親から言われることがイヤな時期。
- 母への想いは変わらないが、口や態度に出さなくなる。
- 不良に憧れて、少し悪ぶったりする。
- ぶっきらぼうになる（話し言葉に単語が多い）。「風呂」、「ごはんは？」など。
- 異性を意識しはじめる。
- おだてには相変わらず弱い。
- ケアレスミスが多い。
- 同級生にライバル意識を持つ。
- 成績（点数）を意識する。
- 大人や世界のことをわかったつもりになっている。

・自我が芽生える。
・親と一緒に歩いている姿を見られるのが恥ずかしい。
・問いかけをしても、「うん」くらいしか言わなくなる。
・「自分の存在」という意味にもがきはじめる。
・物事の意味を理解しはじめる。
・親の言葉より、第三者の言葉のほうが響く。
・鍛錬《たんれん》を求める（中学校受験や試験勉強など）。
・外の誰かへの憧れで成長する（イチロー、学校や部活の先輩など）。

親の対応ポイント

①「あなたのことを信じている」「何があってもあなたの味方でいる」「困ったことがあれば、いつでも相談するように」。
②「すごい」と「ありがとう」を言うタイミングを逃さない。その都度伝える。
③「悪ぶる態度」には、程度問題だと割りきり、バランス感覚で対処。
④ガツンと言ってくれる外の師匠、ナナメの関係を築ける人を見つけてあげる。
⑤人生や社会についての父親の本音の話がしみこむ。

▼中学二年生から中学三年生まで

- 大人になったと思っている時期。
- 母への想いは変わらないが、口や態度には出さない。
- 異性が最大の関心。
- 将来を意識しはじめる。
- 目的を持ったら邁進《まいしん》できる。
- スターに憧れる。
- 目標を見つけられずに困っている。
- 個人よりも、チームで動くほうが強い。
- 音楽やスポーツ、芸能にのめりこむ。
- 親に秘密を持つ。何でもオープンは逆に危ない。
- 友達、仲間、先輩との関係で育つ。

親の対応ポイント

①「最終的には自分の人生だから、自分で責任を負いなさい」。
信頼しているからこその言葉、見放すのとは別。

②情報収集は、本人からではなく、まわりの人から。

③ガツンと言ってくれる外の師匠、ナナメの関係を築けた人から、言うべきことを言ってもらう。

④「こんな大人になりたい」と思えるような人物にひき合わせる。

⑤大人の本音（社会の厳しさ・働く喜び）を伝える。特に同性の親から。

高濱正伸（たかはま　まさのぶ）
テレビ「情熱大陸」「カンブリア宮殿」「ソロモン流」、朝日新聞土曜版「be」、雑誌「週刊女性」「AERA with Kids」などに登場している、熱血先生。
保護者などを対象にした年間130回をこなす講演には、“追っかけママ”もいるほどの人気ぶり。

1959年熊本県生まれ。東京大学・同大学院修士課程修了。1993年、「数理的思考力」「国語力」「野外体験」を重視した、小学校低学年向けの学習教室「花まる学習会」を設立。算数オリンピック委員会理事。

主な著書に『お母さんのための「女の子」の育て方』『高濱コラム　子どもたちを育てる目』『子どもに教えてあげたいノートの取り方』『13歳のキミへ』（以上、実務教育出版）、『算数脳パズル　なぞペー』（草思社）、『小3までに育てたい算数脳』（健康ジャーナル社）など。監修書に『天才くらぶ　チャレペー①〜④』（実務教育出版）。

お母さんのための「男の子」の育て方

2012年 6月10日　初版第 1 刷発行
2016年 11月30日　初版第 11 刷発行

著　者　高濱正伸
発行者　小山隆之
発行所　株式会社 実務教育出版
163-8671　東京都新宿区新宿 1-1-12
電話　03-3355-1812（編集）　03-3355-1951（販売）
振替　00160-0-78270

印刷／日本制作センター　　製本／東京美術紙工

ISBN978-4-7889-1054-6　C0037

待望の最新刊！大反響！

イライラしてしまうお母さんを救う！

お母さんのための「女の子」の育て方

花まる学習会代表

高濱正伸【著】

[ISBN978-4-7889-1067-6]

大好評の「男の子の育て方」につづく第二弾！「娘が小学５年生になったら、お母さんの態度や姿勢を変えよう」「まわりから好かれてお母さんとも仲のいい女性に育てるために」「苦手や嫌いに逃げない優秀な女の子に育てる学習アドバイス」など、内容が盛りだくさん。

実務教育出版の本

話題の著者、最新刊！

子どもの表現する力を楽しく育てる！

親と子の「伝える技術」

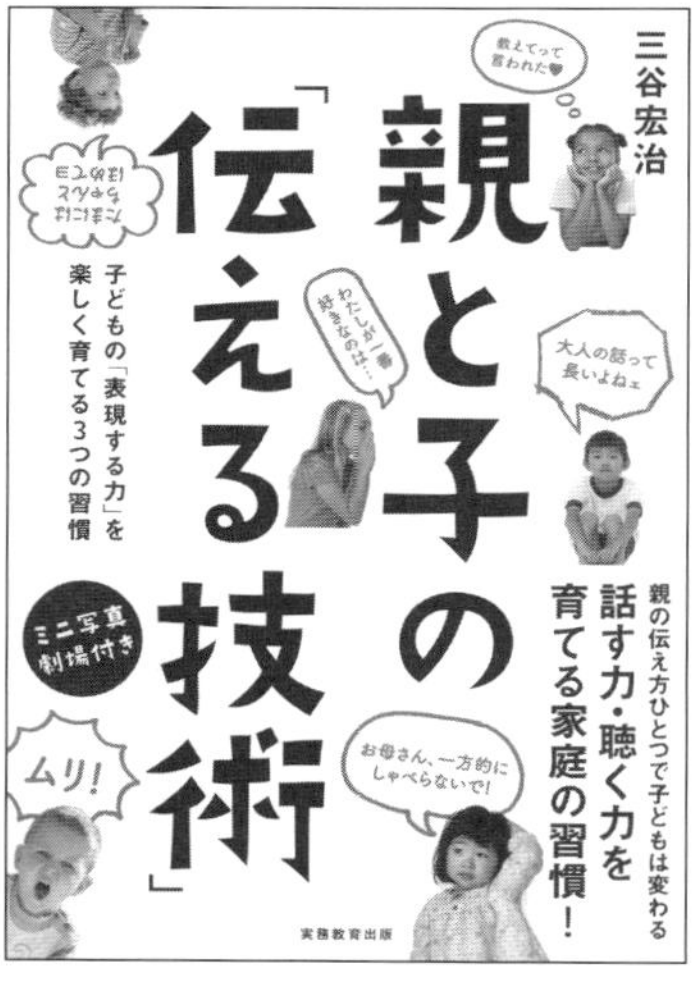

三谷宏治【著】

[ISBN978-4-7889-1064-5]

忙しいママでも１日５分でできる！子どもの話す力・聴く力を育てるための３つの習慣①「脱ワンワード週間」②「１分スピーチ合戦」③「ダイジルールでほめる」のすべて。「話しづらいお父さんとなかよく話せるようになった」（小６女子）と親子関係の改善にも効果抜群！

実務教育出版の本

三谷教授のもう一冊の本！

村上龍氏推薦！

ルークの冒険

カタチのフシギ

三谷宏治【著】

[ISBN978-4-7889-5909-5]

世界初！フルカラー！楽しくてちょっとイジワルな「科学的思考力」トレーニングブックの誕生です。身近なモノのカタチに潜むナゾを、本書の主人公イワトビペンギンのルークと一緒にふか〜く掘り下げていくのはとってもスリリング！手と足と「なぜ？」のくり返しで身につける発見力と探究力。10歳から。

実務教育出版の本